있는 그대로 사랑스러운

....에게

이 책을 드립니다.

모두에게 사랑받지 않아도 괜찮아

첫인상만 괜찮은 책, 어중간하게 무난한 책이 아닌 '끝까지 좋은 책'을 만듭니다. 독자 여러분의 소중한 원고와 아이디어, 다양한 의견을 boracow8800@gmail.com으로 보내주세요. 보랏빛소와 함께할 값진 인연을 기다리겠습니다.

있는 그대로의 나를 사랑하게 만드는 아들러 심리학

모두에게 사랑받지 않아도 괜찮아

박예진 지음 | 낭소 그림

보랏빛소
Borabit Cow

용기와 두려움
어느 것에 전염되고 싶나요?
두려움을 극복할 용기를 가지세요.
지금 이 순간 용기를 내세요.

알프레드 아들러

✦ 추천의 글

방황하는 청소년들을 따뜻하게 품으며 용기를 북돋아 주는 상담 현장의 모습이 생생하게 그려진 책입니다. 청소년들뿐만 아니라 학부모와 교사, 상담 전문가들도 이 책으로 아들러 심리학을 효과적으로 활용해 자녀, 학생들에게 자신감을 주는 방법을 터득할 수 있습니다. 아들러 심리학으로 용기를 얻고 주고자 하는 모든 독자를 위한 삶의 지혜서입니다.

– **김인규** 한국상담학회 부회장 · 전주대학교 상담심리학과 교수

아들러 심리학을 바탕으로 청소년에게 용기를 주는 자기계발서가 탄생했습니다. 국내 아들러 심리학 일인자이자 대표적인 전도사인 박예진 박사의 역작입니다. 실제 저자가 청소년들을 상담해 주는 대화 형식으로 전개되어서 진솔하면서도 편안하게 읽힙니다. 이 책을 다 읽고 난 청소년은 있는 그대로의 자신을 사랑할 수 있게 될 것입니다. 꼭 그렇게 되기를 바랍니다.

– **도미향** 한국코칭학회 회장 · 남서울대학교 교수

우리나라 청소년의 행복 지수는 OECD 국가 중 최하위, 자살 증가율은 1위! 우리 청소년들은 정도의 차이는 있지만 과잉보호 속에서 리모컨처럼 조정되며 실수와 실패 극복 경험을 박탈당한 채 살고 있습니다. 아들러 용기의 심리학에 기반을 둔 이 책은 현재 우리 청소년이 처한 환경과 현실을 극복하는 데 유용한 지침서가 될 것입니다. 생생한 상담 대화 형식이라 청소년과 부모, 교사들은 아들러 심리학을 쉽고 명쾌하게 배우고 느낄 수 있습니다. 아들러 심리학을 통해 우리 청소년들이 주체적이고 행복하게 바로 설 수 있을 것이라고 확신합니다.

– **임정희** (사) 밝은청소년 이사장

★ 저자의 말

저는 한창 크는 청소년 친구들에게 이런 말을 자주합니다.

"크느라 힘든 거거든. 그런데 결국은 다 이겨 내고 있잖아! 그렇게 버티면서 극복하는 자신을 봐, 꽤 괜찮은 사람이잖아!"

이렇게 격려하고, 용기 내는 우리 친구들을 힘차게 응원합니다.

청소년기에는 흔히 친구나 형제와 비교를 당해서 찾아오는 열등감, 잘하고 싶은데 뜻대로 되지 않는 자괴감으로 인해 마음고생을 합니다. 부모의 결정을 따르기만 하면 되었던 편한 어린 시절을 지나 스스로 선택할 일이 많아지고 책임지는 연습을 해야 하는 시기이기에 혼란스럽고 버겁습니다.

여러분, 마음고생하지 마세요. 여러분은 충분히 괜찮습니다. 있는 그대로 멋지고 아름다워요. 혼란스러워하지도, 버거워하지도 마세요. 성장하는 과정입니다. 크려면 성장통을 겪기 마련이에요. 이 사실을 알려 주고 싶어서 이 책을 썼습니다.

이 책에는 제가 실제로 상담했던 청소년들의 고민과 갈등이 담겨 있습니다. 청소년기에 겪는 나, 타인과의 관계, 꿈(진로)에 대한 이야기가 가득합니다. 아프고 아픈 성장통을 겪는 청소년들에게 세계적인 심리학의 거장 알프레드 아들러의 관점으로 해법을 제시합니다.

여러분, 이 책을 읽다가 자신의 고민이나 갈등과 같거나 유사한 이야기를 만나면 그냥 지나치지 마세요. 그 이야기 속에 있는 자신을 들여다보고 과연 아들러는 뭐라고 했는지 귀 기울여 보시기 바랍니다. 그러면 자기 자신이 얼마나 소중한지 느낄 수 있습니다. 타인과 협력하고 배려하는 귀한 마음을 배울 수 있습니다. "나는 할 수 없어", "나는 쓸모없는 인간이야" 등과 같이 자신을 신뢰하지 못하는 열등감의 장벽을 넘어설 수 있습니. 지금은 실수하는 것이 자연스러운 때이고, 돌아보면 실수가 실패가 아님을 깨달을 것입니다.

용기를 내세요. 자신감을 가지고 다시 도전하세요. 스펙보다 중요한 고유한 나, 괜찮은 존재인 나의 강점, 흥미와 적성을 발견하세요.

이 책을 만난 여러분은 분명히 성장통을 무사히 거치고 '꽤 괜찮은 나'를 인정하게 될 것입니다.

아낌없는 조언과 지지를 해 준
사랑하는 정윤호와 소중한 벗 박준형에게
진심으로 감사하며

박 예 진

차례

02 나도 너도 중요해요

03 새우잠을 자도 고래 꿈을 꿀래요

"아, 짜증 나. 지우기 진짜 아까운데……. 후우……."

은이는 아파트 상가의 화장실 거울 앞에 서서 정성껏 화장한 자신의 얼굴을 요리조리 비춰 보며 한숨을 쉬었다. 그때 누군가가 화장실 안으로 들어왔다.

"얘, 땅 꺼지겠다. 무슨 한숨을 그렇게 쉬니? 무슨 고민이라도 있어?"

은이는 세면대 앞에서 손을 씻는 분의 흰머리 섞인 단정한 단발을 보고 또 무슨 잔소리를 들으려나 싶어서 말없이 발끝만 톡톡 차고 있었다. 그런데 뜻밖에도 예상했던 잔소리는 들려오지 않았다.

"아무리 예쁘게 화장을 했어도 표정이 그렇게 어두우면 소용이 없어요."

세면대 앞 거울을 보니 검은 뿔테 안경 속 눈동자가 인자한 웃음을 짓고 있었다. 은이가 이상하다는 듯 고개를 갸우뚱하며 물었다.

"화장했다고 야단 안 쳐요?"

"응? 그래야 하니?"

"아니 보통 어른들은 학생이 교복 입고 화장하고 다니면 막……."

"왜? 예쁜데. 너 솜씨가 보통이 아니구나? 이야, 아이라인이 예술인데?"

"그렇죠? 제가 생각해도 오늘 진짜 대박이거든요. 기분이 좀 꿀꿀해서 학교 끝나고 오는 길에 지하철 화장실에서 화장을 했는데 오늘 따라 아이라인도 대박 잘 그려지고 화장이 진짜 잘 먹는 거예요! 그래서 진짜 기분이 좋았……었는데……."

칭찬을 받고 들떠서 재잘거리던 은이의 목소리가 갑자기 잦아들었다.

"그랬는데? 지금은 왜? 안 좋아?"

"후우……. 이러고 집에 들어가면 엄마가 또 난리 치거든요."

"그래서 집에 들어가기 전에 화장 지우려고 여기 들렀구나? 집이 이 근처니?"

"네, 조오기 아파트 살아요."

다 씻은 손을 건조기에 말리면서 그분이 물었다.

"흐흠……. 얘, 너 여기 얼마 전에 〈아들러 심리 상담 센터〉 생긴 거 아니? 내가 거기 원장이거든. 다들 '박쌤'이라고 불러. 잠깐 우리 센터 들러서 간식 먹고 갈래? 초코파이 좋아하니?"

"〈아들러 심리 상담 센터〉라고요? 그런 데가 생겼어요? 여기에? 그런데 왜 '아들러'예요? 그게 뭔데요? 사람 이름이에요?"

다다다 쏟아지는 은이의 질문에 그분이 웃으며 대답했다.

"호호호, 맞아. 아들러는 사람 이름이야. 심리학자지. 우리 센터는 아들러 심리학 관점으로 청소년들의 고민이나 문제를 상담해 주는 곳이야."

"별로 안 유명한 사람인가 봐요? 처음 들어보는데요?"

"아직 우리나라에는 그렇게 많이 알려져 있지 않지만 아들러는 세계3대 심리학자의 한 사람으로 꼽히는 훌륭한 분이야. 아들러 심리학은 다른 말로 '용기의 심리학'이라고도 불려. 사람들이 아들러 심리학을 많이 접하고 스스로 용기를 얻으면 좋을 것 같지 않아?"

"용기의 심리학이라……. 멋진 말이네요. 정말 아들러 심리학을 알면 용기가 생겨요?"

"아마 그럴걸? 그래서 말인데, 네 얘기를 한번 들려주지 않을래? 그럼 나도 너한테 들려줄 얘기가 있을 것 같은데. 어때?"

은이는 잠시 생각한 끝에 고개를 끄덕였다.

"음……. 네. 사실 하고 싶은 얘기는 엄청 많죠."

은이는 박쌤과 함께 〈아들러 심리 상담 센터〉로 향했다. 상담 센터 테이블 위에는 온갖 사탕이 가득 든 바구니가 놓여 있었다.

"이거 먹어도 돼요?"

"그럼, 얼마든지."

은이는 누룽지 맛 사탕을 하나 집어 들고 오도독 까먹으면서 이야기를 시작했다.

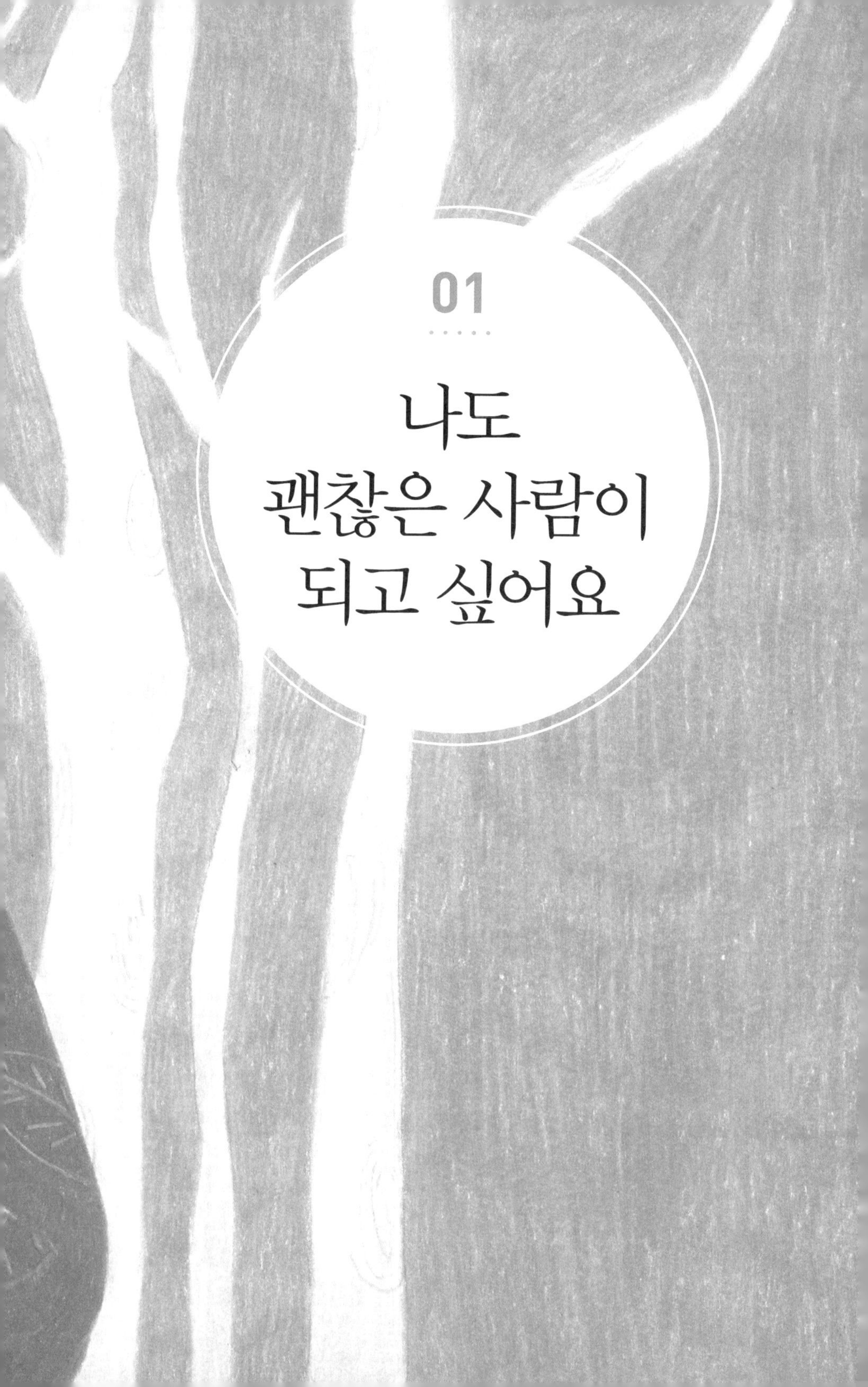

01

나도 괜찮은 사람이 되고 싶어요

있는 그대로의 나를 봐 주세요

은이 사실 아침부터 엄마하고 싸웠거든요. 그래서 하루 종일 기분이 별로였어요. 뭐, 흔한 일이죠.

박쌤 저런, 그래서 아침은 제대로 먹었니? 아침이 든든해야 하루 종일 힘이 나는 법인데.

은이 대충 먹었어요. 원래 아빠하고 마주치기 싫어서 아빠 씻고 나오기 전에 시리얼 같은 거 후딱 먹고 식탁에서 일어나거든요.

박쌤 아빠하고는 또 왜?

은이 눈만 마주치면 하는 소리가 고리타분하기 짝이 없으니까 그렇죠. 도대체 아빠는 어느 시대 사람인지 모르겠어요. 그중에서도 아빠가 특히나 입에 달고 사는 게 '얼굴에 화장 떡칠하고 다니는 애들' 흉이거든요. 그러니 화장이 취미인 내가 아빠하고 마주치고 싶겠어요?

박쌤 흠, 그건 그렇겠구나.

은이 그러고 나와 현관에서 신발을 신는데 교복 주머니에서 새로 산 틴트가 떨어진 거예요. 엄마가 그걸 주워 주면서 한숨을 푹푹 쉬더니 적당히 좀 해라, 아빠한테 들키면 집에서 쫓겨날 거다, 어쩌고 저쩌고 하는데 짜증이 팍 나지 뭐예요. 그래서 나도 모르게 엄마한테 막 소리를 질렀어요. 나한테 화장하지 말라고 하지 말고 엄마도 화장 좀 하고 예쁘게 꾸미라고요. 요즘 엄마처럼 촌스럽게 다니는 사람이 어디 있냐고 창피하다고 막 그래 버렸어요.

박쌤 저런, 엄마 상처 받으셨겠다.

은이 그래서 이러고 있는 거예요. 엄마 얼굴 보기가 좀 그래서요…….

박쌤 그런데 은이야. 은이는 화장이 왜 그렇게 좋아?

은이 화장하면 예쁘잖아요. 거울 앞에 서서 화장을 하고 나면 꼭 투명인간에서 주인공으로 변신하는 것 같은 기분이 들어요. 사실 제가 좀 '금손'이거든요. 친구들도 다 인정해요. 마음먹고 제대로 메이크업 딱 하고 거리 나가면 열에 한두 명은 돌아본다니까요? 그게 얼마나 짜릿한데요. 오늘처럼 스트레스 받는 날엔 틴트도 좀 더 빨간 걸로 바르고 아이라인에도 좀 더 힘을 주고, 가끔 속눈썹도 붙이거든요? 그러면 진짜 기분이 싹 나아져요.

박쌤 화장이 은이한테는 스트레스 해소 수단이구나.

은이 맞아요! 이만한 게 없다니까요? 저는 나중에 제 재능 살려서 메이크업 아티스트가 될 거거든요. 그런데 엄마 아빠는 무조건 화장이 나쁘다고만 하니까 진짜 갑갑해서 미치겠어요.

박쌤 음, 들어 보니까 은이는 사람들의 시선을 끄는 게 좋은가 봐.

은이 네, 사람들이 저를 봐 주는 게 좋아요. 사람들 시선이 저한테 쏠리면 어깨가 좀 으쓱한 것 같고 그렇거든요. 다른 사람들도 그렇잖아요. 아니에요?

박쌤 맞아. 사람들에게는 누구나 다른 사람의 관심을 얻고 싶어 하는 '인정 욕구'라는 게 있거든. 특히 사춘기에 들어선 청소년들에게는 이런 인정 욕구가 좀 더 강하게 나타나기도 하고. 그래서 키나 외모 같은 겉으로 드러나는 것에 관심을 많이 갖게 되는 거야. 친구들 생각해 봐. 다들 화장이나 머리 모양, 옷차림 같은 데에 관심 많지?

은이 당연하죠.

박쌤 그런데 은이야, 아까 화장을 하면 투명인간에서 주인공이 되는 것 같다 그랬지? 그럼 은이는 화장을 하지 않은 자기 모습이 투명인간처럼 느껴져? 아무 존재감이 없는 것 같아?

은이 음……. 사실 좀 그래요. 화장을 안 하고 있으면 나는 너무 평범하잖아요. 누가 나를 봐 주겠어요?

박쌤 그럼 이렇게 생각할 수도 있겠네. 화장은 은이가 상대방의 관심을 끌기 위한 인정 욕구를 표현하는 방법 같아, 그렇지?

은이 듣고 보니 그런 것 같기도 하네요.

박쌤 하지만 하루 종일 화장을 한 채 살 수는 없잖아. 그렇다고 화장을 지우고 맨얼굴로 있을 때마다 투명인간 같은 느낌을 받는 건 너무 슬프지 않니?

은이 그건 좀 그래요. 그래서 사실 할 수만 있다면 하루 종일 화장을 한 채로 있고 싶기는 해요.

박쌤 호호, 그러면 예쁜 피부 다 망가져. 화장은 하는 것보다 지우는 게 더 중요하다는 말 못 들어 봤니? 아, 이건 너무 오래된 얘긴가? 아무튼 그건 진리란다.

은이 맞아요. 피부는 생명이에요, 생명! 크크크…….

박쌤 은이가 이걸 알았으면 좋겠어. 은이는 화장을 예쁘게 해서가 아니라 그냥 너 자체로 예쁘고 소중하단다.

은이 에이, 그건 너무 틀에 박힌 말 같아요.

박쌤 믿기지 않니? 그럼 이렇게 한번 생각해 보자. 네가 친구들이랑 놀이공원에 놀러 갔어. 그런데 중간에 네가 친구들이랑 다투고 혼자서 가 버린 거야. 그런데 그대로 집에 들어가기 싫어서 시내에서 막 노는 거지.

은이 흠, 저는 충분히 그럴 수 있죠. 쇼핑몰 같은 데 가서 아이 쇼핑도 하고, 노래방도 가고…….

박쌤 그래, 그렇게 놀다가 휴대전화 배터리가 다 된 것도 모른 거야. 친구들이 너한테 전화를 했는데 안 받으니까 화해하고 싶어서 은이네 집으로 찾아갔어. 엄마는 네가 친구들이랑 놀고 있는 줄 알았는데 친구들이 너를 찾아 집으로 오니까 얼마나 놀라시겠어? 얼른 너한테 전화부터 해 보시겠지? 그런데 너는 전화를 안 받아. 그러면 엄마는 마음이 어떠실 것 같니? 친구들은 또 어떨 것 같아?

은이 많이 걱정하겠죠?

박쌤 왜? 네가 화장을 잘하니까?

은이 에이, 왜 그러세요. 그건 당연히 아니겠죠.

박쌤 그래, 그건 아니겠지. 그럼 왜? 넌 아직 세계적으로 유명한 메이크업 아티스트도 아니고, 네가 없다고 지구가 멈추는 것도 아닌데?

은이 그건…….

박쌤 너니까. 그냥 너니까. 넌 그렇게 소중한 사람이니까. 매일 다투고 얼굴도 보기 싫어하던 엄마 아빠라지만 그분들에게 너보다 더 중요한 사람이 세상에 또 어디 있겠니? 네 친구들은 또 어떻고. 난 은이가 화장하는 거 별로라서 걔가 어떻게 되든 상관없어, 라고 말할 친구가 있을까?

은이 …….

박쌤 네가 소중하고 의미 있는 사람이라는 사실은 화장으로 겉모습을 꾸미는 것 하고는 별로 관계가 없어. 너라는 사람의 가치는 그런 겉모습에 좌우될 수 없는 거니까. 그리고 화장으로 얻는 자신감은 지우고 나면 사라지는데 그걸 진짜 네 자신감이라고 할 수 있을까?

은이 하아……. 사실 저도 그게 좀 고민이긴 했어요. 화장하고 당당해진 내 모습이 좀 가짜 같긴 했거든요.

박쌤 그럼 진짜를 찾아야지. 어려울 거 없어. 진짜는 네 안에 다 있거든. 진지하게 너 스스로를 들여다봐. 있는 그대로의 네 모습을 인정하고 받아들이는 거야. 그리고 스스로에게 말하는 거지. 나는 있는 그대로 괜찮은 사람이야, 하고. 가슴도 이렇게 좀 툭툭 쳐보고, 응?

은이 이렇게요? 나는 참 괜찮아. 흐흐……. 이거 좀 민망한데요? 누가 보는 데서는 못하겠어요.

박쌤 그래도 이 셀프 토크는 꽤 효과가 좋단다. 틈나는 대로 한번 해 봐. 뭐 돈 드는 것도 아니잖니?

은이 네, 해 볼게요. 그런데요, 선생님. 그럼 저는 화장하는 걸 그만둬야 하나요? 전 정말 화장하는 게 좋은데요.

박쌤 내 말은 화장하지 않고도 당당할 수 있게 자신감을 찾으라는 말이지 화장을 하지 말라는 얘기는 아니었어. 메이크업 아티스트가 꿈이라면서?

은이 하지만 엄마 아빠가…….

박쌤 내가 아까 아들러 심리학이 용기의 심리학이라는 말 했지? 아들러가 말하는 용기라는 건 이런 거야. 하고 싶은 건 해. 대신 그 일을 하게 되면서 생기는 일들은 네가 이겨 내야지.

은이 말은 쉽지만 그게……. 앗, 잠시만요. 엄마 전화예요. 어, 엄마. 아니야. 집 근처야. 아니이……. 정말? 그래도 돼? 알았어. 금방 들어갈게. 헤헤, 엄마가 늦었으니까 화장 지운다고 상가 화장실 같은 데 있지 말고 집에 빨리 들어오래요.

박쌤 엄마가 걱정돼서 전화하셨구나? 그것 봐. 너는 그렇게 소중한 존재라니까? 얼른 들어가 봐. 우리 상담 센터는 항상 열려 있으니까 고민이 있거나 하고 싶은 얘기가 있으면 언제든지 찾아오고.

은이 네, 어쩐지 자주 오게 될 것 같아요, 히히! 다른 애들한테도 이런 데가 생겼다는 거 말해 줘야겠어요!

아들러의 용기 콕콕!

사춘기 청소년들은 소속감과 존재감을 갖고 싶어 해. 그래서 자신이 중요한 존재임을 증명하고 인정받기 위한 행동들을 끊임없이 하는 경향이 있지. 때로는 말썽을 부려서라도 관심을 얻으려고 하고.

하지만 깨달아야 해. 우리는 주변의 인정을 받기 위해 애를 쓰지 않아도 이미 꽤 괜찮고 중요한 존재라는 사실 말이야. 우리 부모님에게, 친구들에게, 주변 사람들에게 '나'라는 사람이 소중한 데는 이유가 없어. 그냥 나라서 소중한 거야. 이 사실을 망각하고 자꾸만 내가 중요한 사람이라는 걸 주변에 보여 주고 싶어서 과한 행동을 할 필요는 없단다.

왜 엄마는 언니만 좋아할까요?

박쌤 이야, 희주가 옷에 관심이 많다고 하더니 역시 패션이 범상치 않은데? 멋지다! 희주는 모델이 꿈이야?

희주 아니요, 제 꿈은 스타일리스트예요.

박쌤 아, 정말? 그래, 감각 있어 보이네. 잘하겠는 걸? 그런데 옷 사느라 돈이 꽤 들 것 같은데, 그건 어떻게 해결하고 있니?

희주 안 그래도 그 문제로 엄마 아빠랑 한바탕했어요. 만날 옷을 사느라 용돈이 모자라서 주말에 아르바이트를 했거든요. 그랬더니 학생이 공부를 해야지 옷 산다고 아르바이트가 웬 말이냐고 난리잖아요. 입을 옷이 없는 것도 아닌데 도대체 뭘 자꾸 사는지 이해를 못하겠다는 거죠.

박쌤 부모님 입장에서는 걱정이 되겠지. 그래서 어떻게 됐는데?

희주 저한테는 이게 공부라고 진지하게 얘기를 했죠. 내 꿈은 스타일리스트고, 스타일리스트는 이런 일을 하는 사람이고, 그래서 나는 옷을 다양하게 입어 보는 게 중요하다, 진짜 최대한 진지하게 막 설명을 했거든요?

박쌤 그랬더니?

희주 꿈이 그렇다니까 이해는 하겠는데 그래도 지금처럼 옷을 계속 사는 건 너무 과하다고요. 그리고 진짜 멋쟁이는 계속 새 옷을 사 입는 사람이 아니라 있는 옷을 멋지게 매치할 수 있는 사람이라나요? 촌스러운 말이기는 하지만 영 틀린 말은 아니고 해서, 옷은 한 달에 두 벌 이상 안 사기로 했어요. 그래서 요즘은 있는 옷 리폼에 열 올리고 있는 중이고요.

박쌤 와, 그 정도면 그래도 부모님이 많이 이해해 주셨네.

희주 제 생각에도 그래요. 사실 우리 엄마 아빠가 스타일리스트라는 꿈을 이렇게 쉽게 이해해 줄 거라고는 생각 못했거든요. 그런데 또 생각보다 너무 쉽게 허락을 하시니까 서운하기도 한 거 있죠?

박쌤 아니 왜?

희주 엄마 아빠는 역시 언니만 신경을 쓰는구나 싶어서요. 우리 집에서는 뭐든지 언니가 우선이거든요. 언니가 공부 안 하고 저처럼 스타일리스트 된다 그랬으면 지금처럼 쉽게 허락 안 하셨을걸요? 그러니까 제가 뭘 하든 그건 크게 상관이 없으신 거죠.

박쌤 부모님이 언니만 신경 쓰신다고? 에이, 설마. 왜 그렇게 생각하는데?

희주 정말이라니까요. 제가 만날 언니가 입던 옷이나 물건을 물려받는 건 그렇다고 쳐요. 똑같이 늦잠을 자도 언니는 늦은 밤까지 공부하느라 피곤해서 그런 거고, 저는 게을러서 그런 거래요. 말이 되나요? 저도 밤에 공부하거든요? 뭐, 아무래도 고3인 언니보다는 좀 덜하겠지만요.

박쌤 언니가 고3이면 충분히 그럴 수도 있겠네.

희주 언니 고3 아닐 때도 그랬거든요? 언니가 입맛 없다 그러면 체력 떨어졌다고 보약이라도 먹여야겠다고 그러면서 제가 입맛 없다 그러면 아무 반응도 없어요. 또 언니가 성적이 떨어지면 엄청나게 큰일이나 난 것처럼 근심 걱정이면서 제 성적이 떨어지면 그러려니 한다고요. 아, 물론 언니가 저보다 공부를 좀 더 잘하는 건 맞지만요. 아니 솔직히 좀 많이 잘해요, 칫.

박쌤 대신 언니보다 패션 센스가 좋잖니. 설마 언니가 그것까지 좋아?

희주 아우, 언니는 패션 테러리스트예요. 그냥 아무거나 손에 잡히는 대로 걸친다니까요. 아주 옷에 대한 예의가 없어요, 예의가. 아무튼 우리 집은 죄다 언니 위주예요. 엄마는 말끝마다 언니 좀 봐라, 언니는 자라면서 속 한 번 썩이는 일이 없었는데 도대체 너는 누굴 닮아서 그러니, 그러고요. 그 말 들을 때마다 아빠는 "나 닮은 건 절대 아니야" 그런다니까요! 그러니 제가 짜증이 안 나겠어요? 저는 진짜 딱 성인 되자마자 바로 독립할 거예요. 이렇게 차별받고는 못 살아요!

박쌤 음, 희주 말에 과장이 좀 섞여 있다고 해도 희주가 뭐가 억울한 지는 대충 알 것 같아. 사실 열 손가락 깨물어 안 아픈 손가락 없다고들 하지만 개중에는 좀 더 아픈 손가락도 있고, 좀 덜 아픈 손가락도 있다는 부모들도 있거든.

희주 제가 그 덜 아픈 손가락이라니까요! 언니는 아마 엄청 아플 거예요, 흥!

박쌤 언니가 첫째라서 좀 더 마음이 갈 수도 있고, 공부 잘하는 모범생이라 부모의 기대를 한껏 충족시켜 줄 것 같은 대리 만족감 때문에 그럴 수도 있고, 부모님께도 이유는 있겠지. 그래도 부모의 이런 편파적인 양육 태도는 분명히 문제가 있지.

희주 당연하죠! 엄청 문제라고요!

박쌤 희주 그동안 가족들한테 서운한 거 많았네?

희주 오죽하겠어요? 언니랑 무슨 말다툼이라고 하면 엄마 아빠는 왜 언니 말을 안 듣고 대드는 거냐고 하는데……. 어떤 때는 진짜 이럴 거면 나를 왜 낳았다 싶은 기분도 들고…….

박쌤 희주가 상처를 많이 받았겠구나. 아이들이 다툴 때는 부모님이 중재를 잘해 주셔야 하는데. 그런 식이면 당연히 희주가 상처를 받지. 소외감도 느끼고. 사실 어릴 때는 객관적으로 누가 맞고 누가 틀리고 하는 것들은 마음에 잘 안 와 닿거든. 누가 내 편이냐 아니냐 하는 느낌만 남지. 안 그래도 희주가 언니를 많이 부러워하고 경쟁심을 느끼는데 부모님께서 그런 태도를 보이면 그 마음을 더 부추기는 결과를 낳을 수밖에.

희주 제가 언니를 부러워한다고요? 경쟁심을 느끼고요? 그런 생각은 해 본 적 없는데요? 그냥, 자기가 엄마 아빠한테 그런 대접을 받고 사는 게 당연한 줄 아는 것 같아서 좀 얄밉기는 하지만요.

박쌤 정말 언니가 얄밉기만 해? 나도 언니처럼 관심 받고 싶다, 아니면 언젠가 언니 코를 납작하게 해 주고 싶다, 그런 생각은 한 적 없어?

희주 음……, 아주 없다고는 말 못하겠네요.

박쌤 아이들이 지나친 경쟁심을 느끼면서 자라는 건 바람직하지 않아. 그러면 상대적으로 경쟁에서 뒤처진다고 생각하는 아이들은 가족 안에서 소외감을 느끼게 되기 쉽거든. 자기가 중요한 사람이 아니라고 생각하게 되면 자존감이 떨어질 수도 있고 말이야. 그런 상태로 어른이 되면 늘 자신의 행동을 다른 사람과 비교하면서 스스로를 힘들게 하는 사람이 되기도 해. 생각해 봐, 경쟁이라는 게 그렇잖아. 이길 때가 있으면 질 때도 있는 건데, 이겼다고 해서 얼마나 기분이 좋겠어? 곧 닥칠 또 다른 경쟁 때문에 초조하고 불안해질 텐데.

희주 우와, 듣고 보니 우리 부모님 정말 나쁘네요. 당장 들어가서 부모님이랑 얘기 좀 해야겠어요.

박쌤 부모님이 양육 태도에 변화를 주실 필요는 있을 것 같아. 그런데 희주야, 네가 그렇게 언니한테 경쟁심을 느끼는 게 전적으로 부모님 탓이기만 할까?

희주 네? 그런 거 아니에요? 그럼 누가 또 잘못했는데요? 아, 언니?

박쌤 너는 왜 항상 언니를 기준으로 너를 판단해? 언니는 늦잠 자도 야단 안 맞는데 나는 맞는다, 언니는 공부를 잘하는데 나는 못한다, 그러고 있잖아.

희주 그게 사실이니까요.

박쌤 네 세상의 중심은 네가 되어야지, 언니가 아니라. 언니를 빼고 한번 생각해 봐. 아, 왜 자꾸 늦잠을 자지? 조금만 더 일찍 일어나 봐야겠다. 내일은 몇 시에 꼭 일어나야지. 이렇게 목표를 세울 수도 있잖아. 마음먹은 대로 잘 실천했다면 스스로를 칭찬해 주고, 못 했다면 왜 못했는지 원인을 찾아서 해결하려는 노력을 해야지. 조금 더 일찍 잔다던가, 아니면 잠을 잘 깰 수 있는 너만의 방법을 찾던가.

희주 하지만 엄마 아빠가…….

박쌤 다시 말할게, 희주한테 제일 중요한 건 누구의 생각이야? 엄마 아빠 말씀을 무시하라는 뜻은 아니지만 그분들이 희주의 삶을 대신 살아 주진 않잖아.

희주 저요! 제 생각이 제일 중요하죠. 말하고 보니까 이제 알겠어요. 그걸 왜 이제 깨달았을까요?

박쌤 건강한 경쟁은 상대와 나를 발전시키는 동력이 될 수 있지만 지나친 경쟁심은 상대와 나를 동시에 찌르는 창 같은 거야. 네가 언니와 경쟁하느라 힘들어 하면 그걸 지켜보는 가족들은 아무렇지도 않을까? 너는 너 자체로 소중한 존재거든. 그런 네가 힘들면 주변 사람들도 같이 힘들지 않겠어?

희주 사실 저 때문에 언니가 힘들어 할 거라는 생각은 아직 잘 안 들지만 그래도 누구랑 비교하는 게 아니라 제가 저 스스로 제 생활의 목표를 정하는 게 중요하다는 건 알겠어요.

박쌤 호호, 그게 바로 행복에 가까워지는 방법이란다.

희주 와, 저 방금 행복해진 거예요?

박쌤 언니를 경쟁자로 생각할 때보다는 좀 더 행복해진 것 같지 않니? 알고 보면 행복은 이렇게 쉬운 거란다.

아들러의 용기 콕콕!

형제는 우리가 생애 처음으로 만나게 되는 라이벌이지. 부모의 사랑을 두고 다투게 되니까 말이야. 어릴 때는 아이들이 부모의 행동을 객관적으로 이해하는 게 쉽지가 않아. 동생이 어리니까 나보다 부모님의 보살핌이 더 필요하겠구나, 내가 형한테 양보했어야 했는데, 누가 이렇게 생각하겠어? 그냥 엄마는 나보다 동생을 더 사랑하는 것 같아, 아빠는 형의 편이네, 하는 식으로 그 순간에 받았던 느낌만 남는 거지. 그리고 그 느낌은 조금만 비슷한 일들이 일어나도 금방금방 자극을 받고 억울함은 뿌리가 깊어지지. 부모님이 내 편을 들지 않고 다른 형제 편을 들어줬다고 생각하면 졌다는 느낌이 들지 않겠어? 질투가 나고 부럽겠지? 그럼 자연스럽게 형제는 서로 이겨야 하는 대상이 되고, 경쟁자로 여겨질 수밖에.

그런데 한발만 물러서서 생각을 해 봐. 늦잠을 자든 말든, 공부를 잘하든 못하든, 그건 사실 누구와도 상관이 없는 '나'의 문제야. 가장 간단한 사실을 잊고 있는 건 아닐까? 내 인생의 무대에 서는 주인공은 오직 나라는 사실 말이야. 아무도 내 인생의 의미를 정해 주지 않는단다. 그건 오직 자기 스스로 정할 수 있을 뿐이지. 그러니 누구와 경쟁하거나 비교하는데 열정 낭비할 거 없어. 다른 사람의 평가에 흔들리지 말고 나 스스로 만족하고 잘하는 것이 중요해. 어때? 잘하고 있는 것 같은데!

내가
알아서 할게요!

박쌤 응? 지웅이가 어쩐 일이니? 엄마 심부름 왔어?

지웅 아니요, 오늘은 저도 상담 좀 받으려고요. 하아, 선생님! 저는 진짜 우리 엄마랑 안 맞나 봐요.

박쌤 응? 왜, 무슨 일인데 그러니?

지웅 요 며칠 아침마다 엄마랑 아주 전쟁이에요, 전쟁!

박쌤 아니 왜?

지웅 저는 저만의 생활 규칙이 있거든요. 그런데 아무리 이야기를 해도 엄마가 그걸 인정해 주질 않는 거예요. 아침에 일어나는 것만 해도 그래요. 제 계산으로는 학교 가기 30분 전에만 일어나면 씻고 밥 먹고 챙길 거 챙겨서 등교하는데 아무 문제가 없거든요? 그런데 엄마는 그러면 너무 늦는다고 계속 한 시간 전부터 깨우는 거예요!

박쌤 음, 지웅이 어머니 성격이라면 그러실 수도 있겠네.

지웅 선생님도 아시잖아요. 우리 엄마 성격 장난 아니죠? 엄청 깐깐하죠?

박쌤 호호! 글쎄, 다른 건 모르겠고 시간 개념이 참 철저한 분인 건 알지. 엄마는 항상 모든 일을 10분씩 여유를 두고 처리하시지?

지웅 네, 맞아요. 그런데 저는 그냥 시간 딱 맞춰서 움직이는 게 좋거든요. 그냥 제 방식대로 하게 내버려 두면 되는데 엄마는 꼭 엄마 기준에 저를 맞추려고 한다니까요? 아침에 일어나는 문제만 그런 게 아니에요. 옷은 왜 그렇게 입었니, 단정하게 입어라, 텔레비전만 보지 말고 책 좀 봐라, 누워만 있지 말고 운동도 좀 해라, 하여간 온갖 일에 다 간섭을 해서 진짜 짜증 나요.

박쌤 지웅이 못지않게 엄마도 힘들어 하시더라. 엊그제 아파트 반상회에서 만났거든. 사춘기 애들 키우는 거 진짜 못해 먹겠다고 하시던데? 다들 자기 잘났다고 엄마 말은 귓등으로도 안 들으려고 한다고 말이야. 그러니까 거기 있는 다른 엄마들도 전부 우리 집 애도 그렇다고 난리도 아니었어.

지웅 아니 왜요? 원래 저 빼고 다른 집 애들은 다 착하고 말 잘 듣고 공부 잘하고 그런 거 아니었어요?

박쌤 호호, 그러게 말이야. 아무튼 그래서 내가 어머니들한테 뭐라고 말씀드렸는지 아니?

지웅 뭐라고 하셨는데요?

박쌤 아이들을 믿으시라고 했지. 사춘기에 들어선 아이들은 이미 스스로 목표를 세우고 실천해 나갈 수 있을 만큼 충분히 자랐으니까 이제 그만 아이들 손을 놓으시라고. 이제 아이들은 엄마 아빠 손을 잡고 일어서서 아장아장 걸음을 떼던 아기가 아니라고 말이야. 지웅이 자전거 배워 봤니?

지웅 네. 어릴 때 아빠가 뒤에서 잡아 주면서 가르쳐 주셨어요.

박쌤 그때를 생각해 봐. 혼자 자전거를 탈 수 있게 하려면 적당한 때에 자전거를 잡고 있던 손을 놓아야 하잖아. 마찬가지로 아이들이 자라면 적당한 때에 엄마들도 아이들을 잡고 있던 손을 놓아야 해. 그래야 아이들이 앞으로 나가지. 하지만 나도 자식을 키우는 입장에서 그게 정말 쉽지가 않거든.

지웅 왜요?

박쌤 불안하니까. 걱정도 되고. 솔직히 좀 못 미더운 면도 있지. 내가 뭐라고 안 해도 애가 혼자서 잘할 수 있을까 싶은 마음이 자꾸 들기도 하고. 엄마들 입장에서는 자식을 아끼고 사랑하는 마음이거든. 물론 너희들 입장에서는 그게 간섭이겠지. 자꾸 그렇게 간섭받다 보면 아이들 입장에서는 존중받지 못하는 것 같고, 어린아이처럼 통제를 받는 것 같아서 기분이 나쁠 테고 말이야. 이렇게 서로의 입장 차이가 나다 보니 부모와 아이들이 일종의 힘겨루기를 하는 것처럼 자꾸 대치를 하게 되는 거야.

지웅 어휴, 답이 없네요.

박쌤 그럴 리가. 서로 생각이 다르면 얘기를 해서 의견을 조율해야지. 분명 서로 공통적으로 찾는 답이 있을거야. 예를 들면 지웅이가 아침마다 엄마랑 다투는 건 몇 시에 일어나느냐가 아니라 지각을 하느냐 안 하느냐 때문이잖아.

지웅 맞아요. 아, 저 진짜 지각 안 한다니까요?

박쌤 그럼 엄마하고 그렇게 얘기를 해 봐. 알아서 지각 안 하고 잘

할 테니까 좀 지켜봐 달라고 말이야. 그렇게 해서 네가 아침 시간을 잘 조절하는 모습을 보여 드리면 엄마도 안심을 하시지 않을까?

지웅 저도 그렇게 하고 싶은데 엄마가 그렇게 안 한다니까요?

박쌤 아닐걸? 오늘 다시 한번 진지하게 얘기해 봐. 엄마도 이제 생각이 좀 바뀌셨을 거야. 그런데 만약 엄마가 지켜봤는데 지웅이가 자꾸 지각을 하거나 아침에 허둥지둥하는 모습을 보인다, 그러면 엄마가 뭐라고 하실까?

지웅 그거야 뻔하죠. 그것 봐라, 엄마 말 안 듣고 네 멋대로 하니까 그 모양이지!

박쌤 호호호, 내 생각에도 그러실 것 같아. 그런데 그렇게 되면 지웅이는 아직 혼자서 자기 생활을 조절할 능력이 안 된다는 뜻이니까 엄마는 지웅이의 생활을 더 많이 간섭하고 통제하려고 하실 거야.

지웅 흠, 그럴 일은 없을걸요? 왜냐하면 전 잘할 거니까요! 으흐흐……. 선생님, 그럼 저 먼저 들어가 볼게요. 빨리 들어가서 엄마랑 얘기하고 싶어졌어요.

박쌤 좋은 결과 있길 바랄게!

아들러의 용기 콕콕!

인간은 스스로에게 목표를 주면서 동기부여를 하는 존재야. 자기 스스로 하고 싶어 하는 일이라야 그것을 실천할 의지가 생긴다는 말이야. 종종 아이들에게 참 말 잘 듣는다고 칭찬하는 어른들이 있지? 알고 보면 그건 참 부질없는 칭찬이야. 스스로 목표를 정하지 않고, 어른들이 정한 목표를 따라가는 아이가 그 목표를 이루겠다는 강한 의지를 품을 수 있을까? 내가 하고 싶어서 하는 일이 아니라 누가 시켜서 하는 일이 뭐 얼마나 대단히 하고 싶겠느냐는 말이야.

그러니 어른들이 본인들 성에 차지 않는다고 섣불리 간섭하고 통제하려고 들면 차분하게 얘기해. 혼자서도 잘할 수 있으니 지켜봐 달라고 말이야. 혼자서 힘든 일이 생기면 도움을 청할 테니 그때 도와주시면 된다고 하면 어떨까?

물론 말에는 책임이 따른다는 사실 잘 알고 있지? 자기가 정한 목표를 스스로 이루지 못하는 모습을 자주 보이면 어른들은 '아, 이 아이는 간섭이 필요하구나' '혼자서는 잘 못하는구나'라고 생각할 거야. 그렇게 생각하지 않도록 잘해 내야 해. 알았지?

나는 왜 이 모양일까요?

영준 안녕하세요, 선생님.

박쌤 네가 영준이구나? 어디 보자, 영준이는 게임 때문에 문제가 생긴 모양이네. 집에서 매일 늦게까지 게임만 하고, 애들하고도 게임 얘기만 한다고? 밤에 게임하느라 잠을 못 자서 수업 시간에 만날 졸다가 혼나고 그런다던데. 담임 선생님께서 걱정 많이 하시더라. 영준이 작년에도 같은 선생님이 담임이었지? 작년에는 안 그랬는데 중3 되더니 갑자기 변했다고 그러시던데.

영준 사실 저도 이런 제가 걱정돼요. 저도 하루 종일 게임하면서 마음이 편한 건 아니거든요. 아직은 구체적인 꿈은 없지만 나중에 뭐가 됐든 하고 싶은 일을 할 수 있으려면 이렇게 자꾸 성적이 떨어지면 안 되잖아요. 솔직히 작년까지만 해도 대충 공부하면 성적이 그럭저럭 나왔거든요. 그런데 중3 되니까 열심히 해도 성적이 자꾸 떨어지더라고요. 그래서 짜증도 나고, 해도 안 되는구나 싶으니까 자신감도 떨어지고…….

박쌤 게임을 하면 재밌니? 짜증도 안 나고?

영준 짜증이 나니까 그걸 풀려고 게임을 하는 거죠. 게임을 할 때는 거기만 집중을 해서 다른 생각은 하나도 안 나거든요.

박쌤 흐흠. 영준이 부모님은 어떤 분들이니? 평소에 영준이 생각을 존중해 주시는 편이니?

영준 저희 집에서는 아무도 아버지 말에 토를 달 수 없어요. 아버지 말이 거의 법이거든요. 저는 어릴 때부터 한 번도 아버지 말을 거역해 본 적이 없어요. 그래서 저는 아빠하고 친구처럼 지내는 애들이 제일 부러워요.

박쌤 아버지가 많이 엄하시구나. 엄마도 엄한 편이셔?

영준 그렇지는 않은데요, 우리 엄마는 절 잠시도 가만히 내버려 두지 않아요. 이거 먹으면 머리가 맑아진다 이거 먹어라, 저거 먹으면 몸에 나쁘다 먹지 마라, 수학은 어느 학원이 잘 한다더라 이번 달부터는 거기 다녀라, 책은 어떤 책을 읽어라……. 우리 엄마 극성은 친구들 사이에서도 유명해요.

박쌤 부모님이 한 분은 권위적이시고 한 분은 과잉보호를 하니 영준이는 뭔가 자기가 직접 결정해서 해 본 적이 많지 않겠구나. 의존적인 성격이 되기 쉬운 환경인데?

영준 아니에요, 저 별로 안 그런……. 네, 생각해 보니까 그런 것 같아요. 늘 아버지가 시키는 대로, 아니면 엄마가 하라는 대로 하다 보니까 혼자서 뭘 하려고 하면 불안하기도 하고, 겁도 나고…….

박쌤 그런데 게임은 누가 시킨 것도 아닌데 그렇게 막 하게 되는구나? 사실 나도 그 마음을 조금은 알지. 내 스마트폰에도 간단한 게임이 몇 가지 깔려 있는데, 그게 참 재미있더라. 하고 있으면 시간 가는 줄 모르겠고 말이야.

영준 그렇죠? 그게 그렇다니까요?

박쌤 게임 자체가 나쁜 건 아니야. 현실에서 경험하기 힘든 다양한 경험들을 할 수도 있고, 치밀한 전략을 세워야 할 때는 또 얼마나 지능적이어야 하는데. 또 여럿이 함께 하는 게임에서는 사회성도 배울 수가 있지. 하지만 이건 어디까지나 적당히 즐겼을 때의 장점이야. 뭐든 과하면 문제지. 영준이는 지금 게임을 하는 것 자체가 잘못이 아니라 너무 과하게 몰입하고 있는 게 문제 같은데? 적당히 즐겼으면 스스로 그만둘 줄도 알아야지. 다른 일에 방해 안 되게 말이야. 그런데 그렇게 하지 못하는 건 결국 스스로 책임져야 할 일이야. 생각해 봐, 게임이 나를 붙잡고 있는 거야? 아니잖아, 내가 게임을 붙잡고 있는 거잖아.

영준 그건……, 그렇죠.

박쌤 게임에 빠져드는 이유는 이해할 수 있어. 게임 속 가상 공간에서는 내가 누구인지 아는 사람도 없고, 나한테 이래라저래라 하는 사람도 없고, 공부처럼 스트레스를 주는 일도 없고, 화를 내고 함부로 행동하고 다녀도 나를 어떻게 할 수 있는 사람도 없잖아. 얼마나 좋아? 바꿔 말하자면 그래서 영준이가 게임 속으로 도망을 간 거지, 하기 싫은 일들을 피해서. 좀 그럴 듯한 말로 하자면 현실 도피?

영준 제가 게임 속으로 도망가 있는 거라고요?

박쌤 그렇게도 볼 수 있지. 보통 권위적이거나 과잉보호를 하는 부모 밑에서 자란 의존적인 성격의 아이들은 자기 스스로 의사 결정을 잘 하지 못하고 타인에게 책임을 미루는 경향이 있거든. 그런 아이들에게 게임은 더욱 도피처가 되기 쉬워. 아, 또 게임하느라 숙제를 못 했네? 게임 때문에 계속 성적이 떨어져, 게임 때문에 잠을 못 잤어, 온갖 책임과 핑계를 다 게임한테 뒤집어씌울 수 있기 때문이지. 이런 상황이 반복되다 보면 점점 더 그 안에서 빠져나오기가 힘들어지고 말이야.

영준 …… 그러네요. 좀 부끄럽지만 선생님 말씀이 맞는 것 같아요. 사실은 저도 계속 이래서는 안 되겠다 싶어서 게임하는 시간을 줄이거나 끊어 보려고 노력을 해 봤는데 마음대로 안 되더라고요. 게임을 안 하고 있으면 오히려 더 게임 생각이 나고 막 초조하고 불안하고…….

박쌤 스스로 게임에서 벗어나려고 마음먹었다는 것 자체가 아주 기특하네. 스스로 자기 행동을 조절하겠다는 의지를 보인 거잖아? 마음먹은 대로 잘 되지 않는다고 너무 좌절할 거 없어. 이미 어떤 것에 중독되어 내성과 금단 현상이 생겼다면 그건 자신의 의지만으로는 해결하기 어려울 수도 있거든.

영준 그럼 저는 어떻게 해야 할까요?

박쌤 필요하다면 전문가 선생님의 도움을 받는 게 좋지. 자신이 진짜 좋아하는 일은 무엇인지, 그 일을 하기 위해서는 어떤 노력이 필요한지 등등 현실에서 할 수 있는 일을 찾아 목표를 세우고 거기서 성취감을 느끼다 보면 자연스럽게 자신감을 찾을 수 있어. 게임을 안 하고 있으면 불안하고 초조하다고 했지? 그것도 자연스러운 거니까 안 그런 척 숨기지 않아도 돼. 숨기려고 할수록 오히려 안 좋

아. 더 불안하고 더 초조해질 테니까. 숨기는 대신 그런 증상을 이겨 낼 수 있는 방법을 찾아야지.

영준 일단 현재 상태를 있는 그대로 인정하는 것부터 하라는 뜻이에요?

박쌤 맞아. 자신의 감정을 솔직하게 인정하는 것은 그것을 스스로 조율하고 관리할 수 있는 첫걸음이거든. 필요하면 내가 도움을 받을 수 있는 곳을 알려 줄까?

영준 제 스스로 한번 노력해 보고 안 되면 그때 부탁드릴게요. 선생님 말씀 듣고 보니까 제가 너무 의지가 약했던 것 같아서 좀 부끄러워요. 생각해 보니까 아버지가 엄하시고, 엄마가 너무 모든 걸 다 간섭한다, 이런저런 핑계로 제가 제 스스로를 너무 방치했다는 생각도 들고요.

박쌤 이야, 영준이 이제 보니 제법 의젓하네? 그럼 네 스스로 네가 어떤 일을 할 때 제일 즐겁나 먼저 한번 찾아보렴. 게임을 대신할 수 있는 취미나 운동 같은 것들을 찾아서 규칙적으로 즐기는 것도 도움이 될 거야. 아, 한순간에 게임을 뚝 끊을 수는 없을 테니까 매일 게임하는 시간을 한 시간씩 정해 두고 체크하면서 서서히 줄여 나가면 어떨까?

영준 네, 해 볼게요. 오늘 제 얘기도 들어 주시고, 또 좋은 말씀도 해 주셔서 정말 감사합니다, 선생님.

아들러의 용기 콕콕!

게임 좋아하는 친구들은 계속 게임만 하고 살았으면 좋겠다는 생각을 종종 하지? 스마트폰만 하루 종일 들여다보고 있으면 좋겠다 싶기도 하고? 그럼 그렇게 해. 사람은 누구나 자기가 하고 싶은 일을 하면서 살 자유가 있으니까. 단, 그렇게 살면서 생기는 일들은 자신이 감당해야지. 자유에는 책임이 따르기 마련이니까. 세상에 책임이 없는 자유는 없어.

사람은 자신이 있어야 할 자리에 있지 못하고, 자신이 해야 할 역할을 제대로 수행하지 못한다고 느끼면 자신의 가치에 대한 자신감을 잃게 되지. 그래서 무엇이든 계속 몰두할 수 있는 것을 찾아내려고 해. 그래서 성적에 대한 스트레스가 심한 현대의 청소년들이 자신의 성적이나 상태 등이 주변의 기대에 미치지 못할 때 쉽게 스마트폰이나 게임 등에 빠져드는 것인데, 이는 현실에서 채울 수 없는 외로움이나 고립감, 공허감, 혹은 자신감 등을 그런 가상 공간에서 쉽게 채울 수 있기 때문이야.

그러나 현실에서 느낄 수 없는 동질감이나 만족감 등을 이런 곳에서 찾으면 현실로 돌아왔을 때의 공허감은 더 커질 수밖에 없지. 그래서 점점 더 빠져들게 되고, 빠져 있는 시간이 길어지다 보면 내성이 생겨 혼자 힘으로 조절이 어려운 상태에 이르기도 해.

청소년기는 앞으로 살아갈 긴 날들을 준비하는 기간이야. 무엇을 어떻게 준비하는가는 자신의 몫이지. 우리 인생이 그래. 살면서 겪게 되는 모든 일들이 결국은 자기 자신의 책임이거든. 나는 과거에 이러이러한 상처를 겪었어, 이러이러한 이유로 뭐가 어떻게 됐어, 라고 핑계 대는 사람들 많지? 하지만 비슷한 일들을 겪은 사람들이 모두 같은 모습으로 살지는 않잖아. 그건 결국 자신이 어떤 선택을 했는가가 인생을 결정한다는 뜻이야.

자, 지금 어떤 선택을 하고 싶어?

화내는 나, 나도 싫어요

박쌤 안녕, 현호야?

현호 별로 안녕하지 못한데요. 학교에서 가 보라고 해서 오긴 왔는데, 제가 왜 굳이 상담까지 받아야 하는지 모르겠어요.

박쌤 상담이 뭐 별건가? 그냥 잠깐 놀러 왔다고 생각해. 뭐 먹을래? 과자 줄까?

현호 물론 저도 제가 시도 때도 없이 버럭버럭 화를 내는 버릇이 문제라는 건 알아요. 그런데 잘못한 거 아니까 금방 사과도 하거든요. 그게 그렇게 큰 문제예요?

박쌤 안 그럴 수 있으면 더 좋지 않을까? 금방 사과한다고 해도 없던 일이 되는 건 아니잖아. 그런데 혹시 부모님 중에 누가 집에서 화를 많이 내시는 편이니? 원래 아이들은 질색을 하면서도 부모님의 싫어하는 면을 자신도 모르게 많이 닮거든.

현호 …….

박쌤 대답하기 싫으면 안 해도 돼. 음, 이 과자 맛있네, 먹어 봐.

현호 그러네요. 우리 아빠가 사소한 일에도 화내고 소리 지르고 그러시는 거, 제가 진짜 싫어하거든요. 그런데 저도 모르게 제가 그러고 있나 봐요.

박쌤 그렇게 시무룩할 거 없어. 그게 네 잘못은 아니잖니. 아이들이 부모 모습을 보고 배우는 건 당연한 거야. 사람은 원래 힘을 가지고 싶어 하지. 내가 힘을 가졌다고 생각할 때 사람들은 우월감을 느끼거든. 그래서 약한 사람을 보호해야겠다는 생각을 하면서도 자신도 모르게 강한 사람의 힘을 더 동경하게 되고, 그 사람에게 동질감을 느끼고 싶어 하지. 그래서 폭력적인 부모 밑에서 자란 아이가 폭력적인 사람이 될 확률이 높단다. 어릴 때는 부모님이 세상에서 제일 강한 사람처럼 보이잖아.

현호 그럼 제가 아빠를 닮는 건 어쩔 수 없다는 거예요?

박쌤 아니. 모두가 부모의 나쁜 점을 똑같이 흉내 내면서 사는 건 아니잖아. 부모는 부모고, 나는 나야. 자신의 행동은 스스로가 결정하는 거란다. 생각해 봐, 결국 현호가 화를 낼 때는 스스로 화를 내는 거지 현호 아버지가 현호 대신 화를 내는 건 아니잖니? 그러니 현호도 이제 스스로의 행동에 책임을 질 때가 되지 않았을까?

현호 그런데 화를 내는 게 무조건 잘못된 건 아니지 않아요? 제가 가끔 쓸데없이 화를 내기도 하지만 대부분은 진짜 화를 낼만 해서 내는 거거든요.

박쌤 화를 낼만 하다? 어떤 일들이 화를 낼만 한 일일까?

현호 그거야 상대방 잘못이 명백할 때나…….

박쌤 그럼 상대방한테 사과를 받고 싶은 거네? 그럼 사과를 받아야지 왜 화를 낼까?

현호 어, 누구 때문에 내가 기분이 나쁠 때도 있잖아요! 그러니까, 그럴 때…….

박쌤 그럴 때는 화를 내는 대신 기분이 나쁘다고 표현을 해야 하지 않을까?

현호 어, 어, 그렇기는 한데…….

박쌤 화가 날 때는 자신이 왜 화가 나는지 감정을 한번 잘 들여다봐. 혹시 화를 통해서 하고 싶었던 말을 대신하고 있었던 건 아닌지 말이야. 내가 이렇게 화가 났으니까 사과해, 내가 이렇게 화를 낼 만큼 기분이 나빠, 이런 식으로.

현호 그런데요, 그런 게 안 통하는 사람들도 있잖아요. 어른들은 제가 무슨 말만 하면 말대답한다고 야단치는데요.

박쌤 흠, 대화를 하고 싶은 태도와 말꼬리를 잡아서 말대답을 하는 건 분명 다른데.

현호 아, 뭐……. 사실 일부러 말꼬리를 잡아서 짜증 나게 할 때도 더러 있죠.

박쌤 현호는 자존심이 아주 센 편인가 보구나. 보통 말대답을 잘하는 아이들의 마음을 들여다보면 자신을 무시하는 태도나 신뢰받지 못한다는 것에 대한 반감이 숨어 있는 경우가 많단다. 왜 나를 무시해요? 왜 나를 못 믿어요? 이런 마음인 거지. 사람들은 말이야, 종종 말이 아닌 다른 표현들로 자신의 뜻을 전달하고 싶을 때가 있단다. 화를 낸다거나, 말대답을 한다거나 하는 것들도 일종의 의사 표현인 셈이지.

현호 그러니까 하고 싶은 말이 있으면 엉뚱한 짓하지 말고 그냥 말로 표현하라는 거예요?

박쌤 맞아. 왜 그래서 표현하지 않는 사랑은 사랑이 아니라는 말도 있지 않니. 물론 늘 화를 내던 사람이 갑자기 도인이라도 된 것처럼 허허, 이러기는 힘들겠지. 천천히 화를 줄이는 거야. 참을 수 없을 만큼 화가 난다, 그러면 일단 그 자리를 잠깐 피하는 것도 좋은 방법이야. 숨을 크게 쉬거나 숫자를 세면서 잠시 감정을 가라앉힌 후에 다시 대화를 이어 가는 거지. 화를 푸는 자신만의 방법을 한번 찾아봐. 예를 들면 나는 화가 나면 혼자 걷는 편이야. 우리 아들은 보니까 나가서 농구나 축구 같은 운동을 하면서 화를 풀던데?

현호 운동은 저도 좋아해요. 그러네요, 한바탕 뛰고 나면 기분이 좀 풀리고 그랬던 것 같아요. 저도 그 방법을 써 봐야겠어요.

박쌤 그래, 그것도 좋지. 과자 계속 먹었더니 목 막히네. 난 주스 마실 건데, 현호도 줄까?

현호 네, 과자도 더 주세요. 이거 진짜 맛있네요, 히히.

아들러의 용기 콕콕!

사람들이 감정을 드러낼 때는 의도가 숨어 있어. 자신의 감정으로 상대방을 움직이고 싶어 하는 거지. 내가 슬퍼하면 상대방이 동정해 주겠지, 내가 좋아하면 상대방이 기뻐해 주겠지, 이런 식인 거야.

화를 내는 것도 마찬가지야. 사람들은 자신이 무시당했다고 느꼈을 때도, 자신에 대한 불만이 쌓였을 때도, 불편한 상황을 회피하고 싶을 때도, 타인에게 의존하고 싶어질 때도 화를 내곤 해. 혹은 자신이 안전하지 못하다고 느낄 때 자기 보호를 위해 화를 내는 사람들도 있지.

주어진 단어를 말이 아닌 몸짓으로 표현해서 맞추는 놀이해 봤니? TV 예능 프로그램 같은 데서 많이 봤지? 용케 설명을 잘하는 사람도 있고, 찰떡같이 알아듣고 맞추는 사람들도 있긴 해. 하지만 말로 하면 쉬울 걸 희한한 몸짓으로 설명하니 대부분 결국 이해하지 못하고 엉뚱한 답을 하지.

자신의 감정을 화를 통해 전달하려는 과정도 이와 비슷해. 의도가 왜곡되거나, 제대로 전달되지 않기 쉽거든. 그러면 또 오해가 쌓이고 감정의 골이 깊어지겠지. 그러니까 무턱대고 화내지 말고 그냥 말로 해. 내가 지금 이게 불만이다, 나는 이 상황이 불편하다, 나를 무시하지 마라, 이렇게 말해. 말을 하지 않으면 내 마음을 상대방에게 확실하게 전달할 수 없어.

엄마가 시키는 대로 하는 게 제일 편해요

재은 선생님, 선생님은 정말 사람이 변할 수 있다고 생각하세요?

박쌤 그럼, 당연하지. 마음만 먹으면 사람은 누구나 변할 수 있단다.

재은 그럼 저도 변할 수 있을까요?

박쌤 변하고 싶니? 어떻게? 아니 그보다 변하고 싶다는 건 현재 자신의 상태에 불만이 있다는 거잖아. 뭐가 마음에 안 드는데?

재은 제 자신은 제가 생각해도 진짜 한숨이 나올 정도예요. 고1이나 됐는데 아직도 뭐든 엄마가 하라는 대로만 해요. 뭐 하나 제가 스스로 알아서 하는 게 없다니까요? 밖에서 떡볶이 한 번 사 먹는 것도 엄마한테 전화해서 물어보고 허락을 받아야 안심이 되고요. 친구들이랑 같이 옷을 사러 가서도 혼자 결정을 못하고 사진을 찍어서 엄마한테 보내요. 그다음 엄마가 좋다는 걸로 사야 마음이 놓여요. 친구들은 이런 제가 너무 한심하대요. 사실 친구들은 저랑 어울리는 것도 별로 안 좋아하는데 마지못해 끼워 주는 것 같은 느낌을 자주 받거든요. 그럴 때마다 너무 비참해요.

박쌤 재은이가 엄마한테 많이 의존하는 모양이구나.

재은 엄마가 저를 그렇게 키웠어요. 제가 외딸이라 어렸을 때부터 어찌나 과잉보호를 했는지, 저 아직 자전거도 못 타요. 엄마가 위험하다고 못 배우게 해서요. 이러니 친구들하고 있어도 저는 뭔가 주장을 펴 본 일이 한 번도 없어요. 뭐든 친구들이 하자는 대로만 다 하고, 하기 싫어도 하고, 제가 하고 싶은 건 말도 못 꺼내고…….

박쌤 재은이도 속으로는 자기 자신이 많이 답답했구나.

재은 한번은 엄마 아빠가 여행을 가셔서 이모 집에 며칠 가 있었거든요? 그런데 엄마가 없으니까 혼자서 뭘 해야 할지 모르겠더라고요. 그때 엄마가 전화해서 이것저것 얘기해 주니까 얼마나 편하던지. 사촌 동생이 그런 저를 보고는 보는 자기가 다 숨이 막히는데 그러고 어떻게 사냐고 하는데, 하아, 얼마나 부끄럽던지……. 저도 이런 제가 싫은데 어떻게 해야 할 지도 모르겠고, 제 판단대로 했다가 뭔가 잘못되기라도 하면 어쩌나 겁도 나고…….

박쌤 재은아, 다시 한 번 말하지만 사람은 변할 수 있어. 그 뿐인 줄 아니? 행복해질 수도 있지. '누구나 다' 말이야. 그렇게 됐으면 좋겠다는 게 아들러 심리학을 공부하는 사람들의 바람이기도 하지.

재은 그게 정말 가능할까요? 저도요?

박쌤 그거 아니 재은아? 사람들의 지금 모습은 모두 본인이 선택한 거야. 그러니까 변하고 싶다면 다른 방식으로 살겠다고 마음만 먹으면 돼.

재은 본인의 선택이라고요? 그럼 제가 지금 이렇게 엄마 인형처럼 살고 있는 게 제가 원해서 그런 거라고 말씀하시는 거예요? 말도 안 돼! 저는 어릴 때부터 엄마가 시키는 대로 하는 데 길들여진 것뿐잖아요.

박쌤 정말 그럴까? 사람들은 흔히 지금 하는 행동의 원인을 과거에서 찾으려고 하지. 그걸 '원인론'이라고 해. 하지만 아들러 심리학에서는 원인론을 인정하지 않는단다. 대신 '목적론'을 주장하지. 이제 고1이나 됐으면 재은이가 슬슬 엄마 손을 놓을 때도 됐는데 계속 그걸 편하다고 생각하는 건 목적이 있어서인 것 같은데?

재은 목적이요? 그게 뭔데요?

박쌤 스스로의 행동에 책임을 지기 싫은 거지. 내가 한 모든 행동은 다 엄마의 뜻에 따른 거니까 그게 잘못되면 다 엄마 탓이야, 이런 마음?

재은 그럼 이게 다 제 탓이에요? 우리 엄마는 아무 잘못도 없어요?

박쌤 물론 엄마의 양육 방식이 옳다고는 할 수 없어. 하지만 과잉보호를 받고 자라는 사람들이 모두 너처럼 부모 말에 무조건 순종하고 의지하는 건 아니잖아? 그리고 제일 중요한 건 지금 엄마의 양육 방법을 탓한다고 해서 달라지는 게 없다는 거야.

재은 이미 지나간 일을 탓할 수는 있지만 탓한다고 해서 변하진 않는다 그런 말씀이신 거네요?

박쌤 재은이는 지금 불안한 거야. 엄마 말을 듣지 않고 스스로 행동한다는 건 자신의 행동에 대한 책임도 자신이 져야 한다는 거니까. 하지만 책임이 없는 자유는 없단다.

재은 자유롭고 싶으면 자기 행동에 책임을 져야 한다는 거예요?
박쌤 물론이지. 내 생각에는 지금 재은이는 작은 용기가 필요할 것 같아. 아주 사소한 것부터 스스로 결정을 해 보려는 용기 말이야.

재은 용기?

박쌤 그래, 용기. 실수 좀 하면 어때? 실수를 해야 배우는 것도 있지. 엄마하고 한 음식점에 처음 갔다고 생각해 봐. 엄마가 추천해 준 메뉴 대신 직접 먹고 싶은 걸 골랐어. 그런데 맛이 없네? 엄마가 원래 권했던 게 더 맛있어. 그럼 재은이는 어떤 생각이 들 것 같아?

재은 그냥 엄마 말 들을걸, 역시 난 안 돼, 뭐 이런 생각?

박쌤 재은아, 음식 한 번 잘못 골랐다고 해서 무슨 큰일이라도 생겨? 그 음식에 대한 트라우마가 평생 가고 막 그럴까?

재은 그런 건 아니죠.

박쌤 그럼 음식 주문 한 번 잘못한 걸 가지고 그렇게까지 자기 선택에 실망을 할 이유가 뭐야.

재은 하긴, 먹고 싶었던 거 안 먹어 봤으면 내내 미련이 남았을 텐데 차라리 먹어 보고 실망하는 게 나을 것 같기는 해요. 아, 한 번 실패했다고 좌절하지 말고 자꾸 고르다 보면 나중에는 저도 스스로 제 입맛에 맞는 걸 고르게 될 수 있게 될 거다, 그런 얘기가 하고 싶으신 거예요?

박쌤 그래, 그거야! 원래 외딸이 혼자 자라다 보니 외로움도 많이 타고, 부모들이 과잉보호를 하는 경향도 있어서 의존적인 성격이 되기 쉽지만 반면에 또 사랑을 넘치게 받고 자라서 타인에 대한 신뢰도도 높고, 배려심도 많고, 긍정적인 에너지가 세거든. 그러니 조금만 용기를 내서 작은 것부터 스스로 결정을 내리는 훈련을 하다 보면 금방 자신감을 얻고 자립심을 기를 수 있을 거야.

재은 그거 지금 저한테 용기 주려고 하시는 말씀이에요?

박쌤 아니, 사실이 그래!

아들러의 용기 콕콕!

외아들 외딸로 자라다 보면 과잉보호를 받는 경우가 많아. 부모는 적당한 시기에 외아들 외딸을 자립하도록 도와주어야 하는데, 불안해서 혹은 위한다고 아이가 스스로 해야 할 일을 대신 해 주곤 해. 그렇게 의사 결정할 기회를 빼앗긴 아이들은 점점 더 결정할 일이 생기면 타인에게 미루지. 급기야 혼자서는 아주 쉬운 것조차 쉽게 결정 내리지 못하기도 해. 더 큰 문제는 그렇게 자신의 문제를 타인에게 의존해서 해결하다 보면 점점 자신감을 잃는다는 거야. 또한 자신이 내린 판단을 신뢰하지 못하기도 하지. 생각해 봐. 만약에 그렇게 되면 자기 자신이 얼마나 무기력하게 느껴지겠어?

혹시 지금 자신이 그런 상태에 있다고 느껴진다면 미리 좌절할 필요는 없어. 지금부터 작은 것이라도 스스로 결정하는 훈련을 하는 거야. 스스로 선택하고, 그 선택에 대한 책임을 지면서 조금씩 성숙해지는 거지. 그러면 곧 깨닫게 될 거야. 원래 자신이 얼마나 유능한 사람이었는지 말이야.

돈을 주고라도 관심을 받고 싶어요

박쌤 은호라고?

은호 잘못했어요, 선생님. 저도 제가 잘못한 거 알아요. 깊이 반성하고 있어요.

박쌤 어머, 난 그냥 이름만 물어봤는데?

은호 어차피 엄마한테 다 들으셨잖아요.

박쌤 엄마는 그냥 은호 얘기 좀 들어 달라고 하셨어. 혹시 엄마한테는 얘기하기 힘든 일이라도 있나 싶으셨나 봐.

은호 정말요? 엄마가 다른 말은 안 하셨어요?

박쌤 정말이라니까. 그런데 갑자기 궁금해지는데? 뭘 그렇게 잘못 했을까?

은호 하아……. 사실은 제가 엄마 지갑에서 카드를 훔쳤거든요.

박쌤 아이고, 저런. 그래, 카드 훔쳐서 뭐 했어? 뭐 갖고 싶은 거 샀니?

은호 아니요, 친구들하고 햄버거 사 먹었어요.

박쌤 햄버거가 너무 먹고 싶은데 용돈이 부족했던 모양이구나. 엄마가 용돈을 적게 주시는 편이라고 생각해?

은호 아니요, 그런 건 아니에요. 친구들이랑 비교해 봐도 제가 용돈을 적게 받는 편은 아니에요. 그냥, 제가 좀 용돈을 많이 쓰는 편이에요.

박쌤 뭐 용돈을 많이 쓸 만한 이유가 있니? 취미 생활?

은호 그런 게 아니라, 제가 친구들한테 뭘 좀 많이 사는 편이거든요. 햄버거나 떡볶이 같은 거…….

박쌤 음, 그랬구나. 그렇게 친구들한테 먹을 걸 사 주면 기분이 좋니?

은호 네, 뭐, 친구들이 좋아하니까요. 예, 저도 제가 얼마나 한심한지 알아요. 친구들은 제가 좋은 게 아니라 제가 사 주는 햄버거가 좋은 거겠죠. 그런데 그렇게라도 하지 않으면 친구들이 저를 무시하고 끼워 주지 않는데 어떡해요. 저는 운동을 잘하는 것도 아니고, 공부도 못하고, 웃기지도 않고, 소심하고…….

박쌤 흐흠……. 은호는 친구들과 어떻게 관계를 맺어야 할지 잘 모르는 거구나. 그런데 은호야, 너는 네 자신이 좋니?

은호 아니요. 친구들한테 인기도 없는걸요?

박쌤 친구들이 너를 좋아해 줬으면 좋겠는데, 너는 너를 안 좋아한다니, 뭔가 이상하지 않니? 너도 너를 안 좋아하는 누가 널 좋아하겠어?

은호 네, 그렇겠죠. 저도 안다니까요…….

박쌤 은호야, 순서가 틀렸어. 너부터 너를 좋아해야지. 네가 바뀌지 않으면 아무것도 변하지 않는단다.

은호 저도 저를 좋아하고 싶죠. 하지만 어떻게요? 저는 그럴 만한 장점이 하나도 없는데요?

박쌤 그건 네가 너를 어떻게 보느냐에 따라 달라지지. 은호는 소심한 편이라고 했지? 그건 바꿔서 생각하면 함부로 말하거나 행동하지 않는다는 뜻이잖아. 그럼 은호는 신중한 편이네? 웃기지도 않는다고 했으니까 진짜 그렇겠는 걸? 진지한 성격이구나. 그렇지?

은호 …….

박쌤 공부를 못한다고? 운동도 못하고? 하지만 그건 원래 잘하는 사람보다 못하는 사람이 더 많지 않니? 그게 어때서? 공부나 운동에 소질이 없으면 다른 잘하는 걸 찾으면 되지. 엄마 말씀이 은호는 영화를 그렇게 좋아한다면서? 방학 때는 밤새 좋아하는 영화를 보고 또 보고 그런다던데. 그럼 좋아하는 일에 대한 집중력이 뛰어난 편이네. 신중한 성격에, 뛰어난 집중력에, 하려고 마음만 먹으면 뭐든 하겠는데?

은호 그렇게 말씀해 주시니까 어쩐지 제가 좀 괜찮은 사람인 것 같네요.

박쌤 그렇지? 정말 그래. 처음에 은호가 구구절절한 변명 없이 잘못했어요, 라고 말할 때부터 알고 있었어. 아, 참 솔직한 아이구나 싫었거든. 자기 잘못을 그렇게 정직하게 인정하고 반성하는 것도 쉽지 않은 일이거든. 그런데 한 가지 물어보고 싶은 게 있어.

은호 뭔데요?

박쌤 왜 친구들한테 인기가 있고 싶어?

은호 그건 당연한 거 아니에요? 그래야 제가 친구들 사이에서 뭔가 중요한 사람 같잖아요.

박쌤 중요한 사람이라, 친구들이 좋아해 줘야 가치 있는 사람이라고 느끼는 거구나, 은호는. 하지만 나의 가치를 왜 친구들한테 인정받아야 하지? 그럼 은호라는 사람의 가치는 친구들의 판단에 따라 이리저리 흔들리는 거야?

은호 그런 건 아니지만…….

박쌤 그래, 아니야. 그러니 다른 사람들한테서 내 가치를 인정받으려고 할 필요는 없단다. 자신의 가치는 자신이 정하는 거니까. 친구들이 왜 나를 좋아하지 않을까 고민할 필요 없어. 어차피 모든 친구들이 너를 좋아할 수는 없잖아? 햄버거를 사 줘야 너를 봐 주는 친구들이라면 그런 친구는 없는 게 나아. 네가 너를 스스로 가치 있는 사람으로 만들면 너와 어울리는 친구들이 자연스럽게 나타날 거야.

은호 정말 그럴까요?

박쌤 그럼! 그러니 네가 지금 해야 할 일은 너 스스로를 긍정적으로 바라봐 주는 일이야. 언제 햄버거 사 주나 기다리고 있는 친구들 대신 너 자신을 더 깊이 들여다보고 네 장점을 찾아내 힘을 실어 주는 거야. 그거 알고 있니? 말은 생각보다 힘이 아주 세다는 거. 가슴 한 번 툭툭 두드리면서 이렇게 말해 봐. 나는 할 수 있다! 그러면 긍정의 에너지가 팍팍 생길 거야.

은호 감사합니다, 선생님. 선생님하고 얘기하고 나니까 제가 정말 너무 바보 같았던 것 같아요. 친구들에게 햄버거 사 준다고 엄마 지갑에 손대다니! 엄마한테 가서 잘못했다고 해야겠어요.

박쌤 이것 봐, 은호는 정말 괜찮은 사람이라니까? 그래, 마음먹었을 때 얼른 가 봐.

아들러의 용기 콕콕!

자기 자신이 얼마나 가치 있는 사람인가를 다른 사람의 잣대로 평가하는 것은 바람직하지 않아. 사람마다 중요하게 생각하는 것이 다르고, 내가 뭘 하든 좋아하는 사람과 싫어하는 사람은 있게 마련이거든. 그런데 어떻게 나를 다른 사람 눈에 맞출 수가 있겠어? 중요한 것은 내가 나를 신뢰하고 존중하는 마음이야.

어릴 때부터 자연스럽게 자존감을 길러 주는 환경에서 자랐다면 좋겠지만 그렇지 못했다 하더라도 실망할 건 없어. 지금부터라도 꾸준히 자신에 대한 믿음을 쌓아 나가면 되니까. 사람은 누구나 마음만 먹으면 변할 수 있다는 거 알지? 우리는 모두 있는 그대로 참 괜찮은 사람이야. 자기의 모습을 긍정적으로 받아들이고, 자신이 가진 장점에 주목해 봐. 내가 나를 대하는 모습이 달라지면 사람들이 나를 대하는 모습도 달라진단다. 정말이야, 믿고 꼭 그렇게 해 봐.

아빠가 나는 벌써 실패한 인생이래요

박쌤 엄마 말씀이 현이는 머리는 좋은데 공부를 안 해서 속이 터져 죽겠다고 하시더라. 현이 생각도 그러니?

현이 뭐, 다들 저더러 아빠 머리를 닮았다고 하니까요. 아빠가 대학 교수거든요.

박쌤 와, 아빠가 공부를 정말 잘하셨구나. 현이는 아빠한테 배우는 것도 많겠네?

현이 중학교 다닐 때까지는 아빠한테 배웠어요. 하지만 지금은 공부하는 시간보다 서로 싸우는 시간이 더 많아서 그냥 서로 안 봐요. 어우, 그 잔소리, 생각만 해도 짜증이 나요!

박쌤 음, 무슨 잔소리를 그렇게 하실까?

현이 레퍼토리도 만날 똑같아요. 공부 못하면 절대 성공 못한다, 아빠 봐라, 가난한 농사꾼 자식이 공부를 못했으면 지금처럼 살 수 있었겠느냐, 아빠는 할아버지가 소 팔아서 마련한 돈으로 얼마나 힘들게 공부했는데 너는 엄마 아빠가 부족한 거 하나 없이 해 달라는 대로 다 해 주는데 왜 공부를 안 하냐, 정신 상태가 썩어 빠졌다…….

박쌤 어우, 숨 좀 쉬어 현이야. 현이가 마음에 맺힌 게 아주 많았던 모양이구나?

현이 그럴 수밖에요. 우리 아빠는 성적이 떨어지면 아예 사람 취급을 안 하거든요. 그래서 요즘은 사람 취급 못 받고 있어요. 저는 이제 틀렸다고 생각하나 봐요. 요즘은 저 대신 동생한테만 관심을 쏟더라고요.

박쌤 저런, 현이가 많이 속상하겠구나.

현이 솔직히 좀 비참하기는 해요. 아빠 말로는 저는 이미 성공하기는 글러 먹었다니까 그냥 제 마음대로 살려고요. 뭐 어때요?

박쌤 그래서 요즘 아무것도 안 하고 핸드폰 게임에만 빠져 있는 거니?

현이 그냥요. 하고 싶은 게 그것밖에 없으니까요.

박쌤 현이야, 현이도 공부가 인생의 전부라고 생각하니?

현이 아니요, 전 그렇게 생각하지 않아요. 공부랑 상관없이 잘 사는 사람들이 얼마나 많은데요. 제가 제일 좋아하는 가수는 학교를 다니면서 얻는 것도 있겠지만 자기는 자기 꿈에 더 많은 시간을 투자하고 싶어서 고등학교를 자퇴했대요. 무조건 공부만 하는 것보다는 그렇게 자기 목표를 확실히 정하고 노력하는 게 더 멋있지 않아요?

박쌤 그래, 잘 알고 있구나. 그런데 현이는 왜 아무것도 하지 않니? 심지어 자기 기준도 아닌 아빠 기준에 맞춰서 자기 자신을 포기해 버리고 있잖아. 그건 뭔가 말이 안 되는 것 같지 않아?

현이 하지만 아빠는 자기 기준에 맞지 않으면 아무것도 인정하지 않는다고요.

박쌤 그건 아빠의 문제지 네 문제가 아니야. 이제 현이도 자신의 기준으로 자신을 판단할 만한 나이가 된 것 같은데, 안 그래?

현이 그런 것 같아요. 아니, 그래요! 왜 저는 그런 생각을 여태 못

했을까요? 와, 속이 다 시원하네요!

박쌤 아빠도 이걸 아셔야 할 것 같아. 현이는 아빠의 기대를 채우기 위해 사는 존재가 아니라는 걸 말이야. 아빠가 스스로의 기대를 채우기 위해 사셨듯이 현이도 현이 스스로의 기대를 채우며 살아야지. 안 그래?

현이 맞아요. 저도 아빠한테 그 말이 너무 하고 싶어요! 하지만 아빠를 설득할 자신이 없어요. 아빠는 또 틀림없이 네가 아직 세상을 모른다는 둥, 철이 없다는 둥 하면서 제 말을 들으려고도 하지 않을 거란 말이에요.

박쌤 현이야, 아빠한테 인정을 받고 싶니?

현이 물론이죠.

박쌤 음, 아들러 심리학에서는 과도한 인정 욕구를 버려야 한다고 말한단다. 인정 욕구는 없어지지 않기 때문에 버릴 수 없어. 다만 과도하게 남들로부터 인정을 받아야 자신이 존재하는 것 같다고 느끼는 것이 문제야.

현이 과도한 인정 욕구를 버리라고요? 인정받고 싶은 마음을 버리라는 말씀이세요? 왜요? 남한테 인정받는 건 좋은 거 아니에요?

박쌤 그러려면 남의 기준에 맞춰서 살아야 하잖아. 너를 인정하고 너를 칭찬하는 사람들은 네가 그 사람들 '기준'에 맞았기 때문에 그러는 거야.

현이 헐, 그런 생각은 한 번도 안 해 봤어요.

박쌤 그럼 지금부터라도 한번 생각해 보는 게 어때? '누구'의 기준에 맞추어 살 것인지 말이야. 그러자면 너와 기준이 다른 누군가에게는 좋지 않은 말을 들을 수도 있어. 하지만 그걸 이겨 낼 용기가 있어야 비로소 너답게 살 수 있는 거야.

현이 아……. 무슨 얘기인지 조금 알 것 같아요.

박쌤 그렇다고 아빠 얘기를 무시하라는 말은 아니야. 아빠는 분명 너보다 오래 세상을 살았고, 다양한 경험도 많이 하셨고, 그러다 보니 조금이라도 너한테 도움이 되고 싶어서 그러시는 거니까. 아빠의 그 마음은 이해해 드리되, 너한테는 너만의 세상이 있다는 걸 천천히 보이렴.

현이 우리 아빠처럼 자기 말만 옳다고 하는 사람한테 그런 게 가능할까요?

박쌤 아빠가 변하면 좋겠지만 안 변하더라도 그것까지 네가 신경 쓸 문제는 아니야. 네가 최선을 다했다는 게 중요한 거지. 그리고 하나만 더. 현이는 엄마 말에 동의하니? 마음먹고 공부하면 잘할 수 있는 애가 안 해서 문제라는?

현이 흐……, 글쎄요.

박쌤 음, 네 스스로 답을 알고 있는 것 같으니까 더 보태지는 않을게. 다만 이것 하나만 알아 둬. 보통 사람들이 하면 할 수 있는데 하기 싫어, 하려는 마음이 잘 안 먹어져, 이런 건 다 비겁한 변명이야. 그건 '할 수 있는 능력은 있지만 안 하는 것뿐이야'라는 뜻이거든. 가능성을 남겨 두고 싶은 거지. 말하자면 했다가 실패할까 봐 두려운 거지. 하지만 실패를 두려워할 필요는 없어. 아기가 처음 걸음마 떼는 모습을 생각해 봐. 얼마나 많이 넘어지니? 한 번에 벌떡 일어서는 아기는 전 세계 어디에도 없어. 현이도 그런 모습을 거쳐서 지금 이렇게 씩씩하게 두 발로 걸어 다니고 있잖니? 실패가 없으면 성공도 없단다.

현이 아, 그렇게 말씀하시니까 제가 좀 창피하네요. 제 비겁한 속마음을 들킨 것 같아서요.

박쌤 흐흐, 아주 마음을 바늘로 콕 찔린 것 같지? 이왕이면 현이 마음속에 있는 고름 주머니를 콕 찌른 거였으면 좋겠다. 그래야 빨리 고름이 빠지고 새 살이 차오르지.

아들러의 용기 콕콕!

사람들은 제각기 자신만의 눈으로 세상을 봐. 즉 같은 사실이나 사물을 대하더라도 그에 대한 중요도나 가치 등은 모두 다르게 느낀다는 거지. 다른 말로 하자면 나에게 중요하다고 해서 타인에게도 중요한 것이라는 보장이 없고, 그 반대의 경우도 마찬가지야. 그런데 주변의 기대와 시선에 맞춰 하는 일에 열정을 다해 몰입하는 일이 가능할까? 장담하는데, 그건 어려워.

자신의 눈으로 세상을 보는 사람이 되어야지, 안 그래? 그래야 자신이 좋아하는 일을 찾을 수 있고, 그 일에 열정을 쏟는 사람이 될 수 있어. 주위의 기대를 배신할 수 없다고? 그걸 하지 못하면 결국 다른 사람이 기대하는 일을 하면서 살 수밖에 없다는 걸 명심해. 그게 싫으면 용기를 내야겠지?

나 때문에 부모님이 싸우는 건 아닐까요?

박쌤 현진아, 왜 밖에서 그러고 있니? 부모님께서 또 싸우셨어? 들어와, 뭐 마실 것 좀 줄까?

현진 그렇죠, 뭐. 오늘도 또 "이혼해" 하며 난리예요.

박쌤 마음이 많이 안 좋겠구나.

현진 선생님, 제가 없어지면 저희 부모님이 이혼이란 말 안 꺼내실까요?

박쌤 음? 그게 무슨 소리야. 부모님이 너 때문에 싸우시는 것 같니?

현진 저 때문만은 아니겠지만, 제 탓도 적지는 않은 것 같아요.

박쌤 왜 그렇게 생각하는데?

현진 아빠 말도 이해 가거든요. 뼈 빠지게 일해서 돈 벌어 와도 만날 집구석에는 돈이 없다고, 집에 무슨 돈 잡아먹는 귀신이 사냐고요. 누굴 돈 버는 기계로 아느냐, 돈은 내가 버는데 왜 나는 쓸 돈이 없느냐 하시는데 엄마 말로는 그 돈 잡아먹는 귀신이 저랑 동생이래요. 우리 먹이고 입히고 공부 시키느라 엄마는 자기 화장품 한번 제대로 사 본 적이 없다고요. 애들 키우는데 돈이 얼마나 드는지 아냐고, 아무것도 모르면서 쥐꼬리만 한 월급으로 생색만 내면 다냐고 엄마가 울어요. 그럴 때마다 저는 어떻게 해야 할지 모르겠어요. 진짜 땅속으로 꺼져 버리고 싶어요.

박쌤 현진이가 상처가 크구나. 하지만 현진아, 그건 현진이 잘못이 아니야.

현진 어째서 제 잘못이 아니에요? 아빠는 사는 보람이 없대요. 제가 공부라도 잘했으면 아빠가 그런 소리를 하겠어요? 엄마는 더 좋은 학원 못 보내 줘서 미안하다고 하는데 그게 왜 엄마가 저한테 미안해 할 일이에요? 제가 죄송하죠. 진짜 공부 잘하는 애들은 학원 같은 데 안 다녀도 성적만 잘 나온다고요. 제가 공부만 잘했어도…….

박쌤 현진아, 내 얘기를 잘 들어 봐. 사람들은 누구나 인생을 살면서 크고 작은 문제들을 겪는단다. 그리고 자신의 문제는 자신이 책임을 져야 하지. 그것들을 해결하는 것은 각자의 '의무'이자 '권리'거든. 다시 말하면 현진이는 현진이의 문제만 책임지면 돼. 부모님이 다투는 건 부모님의 문제란다. 그것까지 네가 책임져야 할 의무는 없어.

현진 저 때문에 다투는 데도요?

박쌤 내 생각에는 두 분이 감정이 상해서 서로 상처를 주려다 보니 너를 핑계로 댄 것 같지만 만약 진짜 너 때문에 다투었다고 해도 그건 두 분의 문제야. 아이를 양육하는 부모로서 본인들이 해결해야 할 문제인 거지. 현진아, 여기가 〈아들러 심리 상담 센터〉인 거 알고 있지?

현진 네. 아들러라는 심리학자의 이론을 바탕으로 청소년 상담을 하신다면서요.

박쌤 잘 알고 있구나. 아들러는 이런 상황을 설명할 때 '과제 분리'라는 말을 썼단다.

현진 과제 분리라고요?

박쌤 응. 개인의 과제는 개개인이 책임을 지는 것이 원칙이라는 뜻이야.

현진 자기 문제는 자기 자신이 책임져라 이거네요.

박쌤 다른 말로 하면 다른 사람의 문제까지 떠안으려고 하지 말라는 뜻이지. 부모님은 앞으로도 계속 다툴 수 있고, 두 분이 갈등을 영 메꾸지 못하면 이혼하실 수도 있지. 그건 그분들의 선택이야. 하지만 어떤 일이 생기든, 그건 너의 문제도, 너의 책임도 아니란다. 너는 그냥 네 자리에서 네가 할 수 있는 일을 하면 돼.

현진 하지만 부모님이 이혼하면 저는 더 불행해질지도 모르는데요? 어떻게든 제가 두 분의 이혼을 막아야 하지 않을까요?

박쌤 부모님이 이혼하면 네가 불행해진다고 누가 그래? 현재 우리나라는 이혼율이 매우 높은 편이야. 이혼율이 40퍼센트를 넘어서 거의 50퍼센트에 가까워지고 있다는 통계도 있더라. 그 정도면 부부 두 쌍 중 한 쌍이 이혼하는 꼴이야. 그럼 그 많은 이혼 부부의 아이들은 모두 불행할까?

현진 그렇지는 않겠죠.

박쌤 그럼 누구는 불행하고 누구는 불행하지 않은 이유가 뭘까?

무슨 차이 때문일까?

현진 글쎄요.

박쌤 음, 그럼 또 아들러가 했던 말을 들려줄게. 아들러는 이렇게 말했어. 자기 인생의 의미는 자기 스스로가 부여하는 거라고.

현진 아…….

박쌤 네 힘으로 할 수 없는 일까지 책임을 느끼고 힘들어 하지는 마, 현진아. 너는 그냥 네 자리에서 지금 네가 할 수 있는 최선을 다해서 살면 되는 거야. 인생을 흔히 연극 무대에 비유하잖니. 네가 무대에 선 주연 배우라고 생각해 봐. 동그란 스포트라이트가 쨍하게 네가 선 자리를 비추겠지? 그럼 다른 곳은 다 어둠에 잠기고 너는 그 동그란 빛이 비추는 공간 근처만 보일 거야. 다른 곳은 볼 필요가 없는 거지. 인생도 마찬가지란다. 과거도, 미래도 신경 쓸 필요 없어. 지금, 여기, 네가 선 곳에서 최선을 다해 살다 보면 그 순간들이 모여 네 인생을 이루게 되어 있으니까 말이야. 그래서 말인데, 현진아 너는 지금 당장 뭐가 제일 하고 싶니?

현진 글쎄요, 우선은 좀 자고 싶어요. 계속 신경을 곤두세우고 있었더니 너무 피곤해요.

박쌤 그래? 그럼 어서 들어가 자. 들어가서 푹 자는 거야. 자고 나서, 부모님의 문제가 아니라 너를 먼저 생각해 봤으면 좋겠어. 나 차현진은 어떤 사람인지, 무엇을 하고 싶은지.

현진 선생님, 저 사실 되고 싶은 거 있어요. 저 캐릭터 디자인에 관심 많거든요. 나중에 뽀로로처럼 세계적으로 유명한 캐릭터를 만드는 게 제 꿈이에요. 저 예전에 무슨 지역 행사 같은 데서 주최한 마스코트 공모 대회에서 입상한 적도 있어요.

박쌤 우와, 정말? 멋진데? 그럼 오늘은 푹 자고 나서, 내일부터는 그 꿈을 위해서 뭘 하면 좋을까 생각해 보렴. 대단한 게 아니어도 괜찮아. 매일 조금씩이라도 네가 할 수 있는 걸 하는 거야.

현진 …… 새로운 캐릭터를 그려 볼까요? 매일 조금씩 그리면 일주일에 하나씩은 새로운 걸 그릴 수 있을 것 같아요.

박쌤 아이고, 이제 얼굴이 좀 폈네, 우리 현진이. 그래, 그렇게 네가 하고 싶은 일에 집중하면 되는 거야.

아들러의 용기 콕콕!

부모가 이혼의 위기를 맞거나 실제로 이혼을 하게 되면 그것을 자기 탓으로 여기고 자책하는 아이들이 적지 않아. 자신이 부모의 사이를 적절히 중재해야 했는데 그러지 못했다거나, 혹은 자기 때문에 부모 사이가 멀어졌다거나 하는 죄책감을 갖는 거지. 그런 죄책감이 내면에 깊이 자리 잡게 되면 다른 문제에 있어서도 타인의 잘못까지 자기 탓으로 돌리며 미안해하고, 보상을 해 주려고 애를 쓰기도 해.

하지만 사람은 누구나 자신의 역할과 과제가 있는 거야. 그러니 내 몫이 아닌 타인의 몫까지 함께 떠안고 힘들어 하는 건 바람직하지 않아. 부모와 자식은 누구보다 가까운 가족이지만 그렇다고 해서 서로의 과제까지 나누어 가질 수는 없어. 이혼은 어디까지나 부모의 문제고 그들의 책임이야. 물론 그 과정을 지켜봐야 하는 나는 혼란스럽고 힘들겠지. 하지만 그걸 핑계로 자신을 놓아 버리면 안 돼. 종종 현재 자신의 만족스럽지 못한 상태를 어릴 때 부모의 이혼으로 인해 불우하게 보낸 탓으로 돌리는 사람들을 종종 볼 수 있어. 하지만 부모가 이혼했다고 모두가 불행한 삶을 사는 건 아니잖아? 만약 지금 부모의 갈등 때문에 혼란스럽다면 이것만 생각해. '지금, 내가 해야 할 일은 뭘까?' 이것만.

최고가 되지 않으면 의미가 없잖아요

박쌤 안녕, 성훈아. 와, 뭐 그리고 있는 거야? 로봇? 잘 그렸는데?

성훈 그냥요, 심심해서요.

박쌤 그러고 보니 성훈이 예전에 로봇을 만들었다면서? 대회에 나가서 상도 받았다던데, 실력이 대단했나 봐? 선생님 조카도 로봇에 관심이 많은데 걔는 관심만 많지 잘 못 만들거든.

성훈 대단한 한 건 아니에요. 국제 로봇올림피아드 국내 예선 나갔었는데 3등 해서 국제 대회에는 나가지도 못했는데요, 뭐. 더 해도 실력이 안 느는 것 같아서 그만뒀어요. 로봇으로는 최고가 될 수 없을 것 같아서요.

박쌤 꼭 최고가 되어야 한다고 생각하니?

성훈 당연하죠. 뭐든 한번 도전하면 최고 언저리라도 가야 하는 거 아니에요? 그래서 제가 좀 아깝게 생각하는 게, 얼마 전에 시에서 주최하는 청소년 자전거 달리기 대회에 나가서 2등을 했거든요? 어릴 때부터 아빠하고 주말마다 자전거를 타러 다녔던 덕분인 것 같아요. 그래서 그걸 계기로 본격적으로 자전거를 타 볼까 생각했단 말이에요. 사이클 선수를 목표로 도전을 해 볼까 생각을 했는데 제가 생각하기에도 때가 너무 늦은 것 같고 부모님도 반대해서 그만뒀어요. 조금만 더 일찍 자전거 쪽을 생각했어도……. 요즘은 뭘 해야 할지 모르겠어요. 공부는 해도 원하는 만큼 성적이 안 오르고……. 이것저것 해 보고 있는데 제가 남들보다 잘하는 걸 찾기가 쉽지 않아요. 이대로 이도 저도 아닌 상태로 남게 될까 봐 너무 불안해요.

박쌤 음, 알겠다. 성훈이에게는 '평범해질 용기'가 필요하구나.

성훈 평범해질 용기라고요? 무슨 그런 용기가 다 있어요? 게다가 평범해지다니요? 저는 '특별'해지고 싶은 거라고요. 저는 절대 평범하기 싫어요! 말이 좋아 평범한 거지, 그건 그냥 찌질하다는 소리나 같잖아요. 평범한 사람을 누가 알아줘요?

박쌤 누가 알아주는 게 뭐가 그렇게 중요해? 성훈이는 평생 누가 나를 좀 알아줬으면 하면서 살고 싶니? 그러면 계속 남의 시선을 신경 쓰면서 그 시선에 맞춰 살아야 될 텐데, 너무 피곤하지 않을까?

성훈 좀 피곤하기는 하겠지만 그게 찌질한 것보다는 낫죠.

박쌤 성훈이는 남의 눈에 찌질해 보일까 봐 걱정인 거구나. 그러니까 뛰어나지 않으면 무능해 보일 거라는 뜻이지?

성훈 그게 당연하잖아요.

박쌤 아니, 당연하지 않아. 평범하다는 것은 자신이 남들보다 우월하다고 과시할 필요가 없다는 뜻이지 무능한 것과는 상관이 없어. 그러니까 자신이 평범하지 않다고 강조하는 건 자신이 무능해 보일까 봐 걱정스럽다는 말과 같아. 열등감을 고백하는 거나 마찬가지라는 소리야.

성훈 제가 열등감을 가지고 있다고요?

박쌤 아니야? 계속 남들보다 뛰어나고 싶다는 생각의 바닥에는 뛰어나지 못하면 무시당할 것 같다는 불안감이 있는 거 아닐까?

성훈 …… 저는 친구들이 저를 무시하는 게 정말 싫어요.

박쌤 내 생각에는 지금 너를 가장 무시하고 있는 건 성훈이 너 자신 같아. 자신이 어떤 사람인지, 무엇을 좋아하는지, 어떻게 해야 자신이 행복하다고 느끼는지, 그런 거 다 무시하고 남들 눈에 잘나 보일 생각만 하고 있잖아.

성훈 …….

박쌤 열등감은 누구에게나 있지. 열등감이 뭐 나쁜 건가? 자기한테 부족한 부분이 있어서 열등감을 느낀다면 그걸 채우기 위해서 노력하면 되지. 그런 면에서 열등감은 나를 발전시키는 훌륭한 동력이야. 하지만 열등감을 긍정적인 방향으로 이용하지 못하면 자칫 '우월 콤플렉스'에 빠질 수도 있단다. 끊임없이 자신의 우월함을 주변에 과시하고 싶어 하는 거지. 그런 친구가 옆에 있다고 생각해 봐. 어떨 것 같니?

성훈 재수 없겠죠. 저도 알아요. 제 주변에도 그래서 저 싫어하는 애들 있어요. 하지만 전 그런 애들이 자기가 저보다 못나서 질투하는 거라고 무시하거든요.

박쌤 최고가 아니면 어때? 평범해도 괜찮아. 중요한 건 네가 행복한 거야. 그런데 선생님 생각에는 네가 지금처럼 최고가 되는 것에만 매달려 있으면 행복할 수가 없을 것 같아. 네가 원하는 대로 최고가 된다고 해도 말이야.

성훈 왜요? 전 최고가 되면 엄청 행복할 것 같은데요?

박쌤 얼마 동안이나 행복할까? 한 번 최고가 되었다고 영원히 최고일 거라는 법은 없는데? 누군가 끊임없이 도전을 할 테고 너는 언젠가 최고의 자리에서 내려와야 하잖아.

성훈 그건…….

박쌤 인생이 등산 같다고 생각하니? 열심히 올라가서 최고봉에 딱 올라서야 하는? 만약 그렇다고 생각해 보자. 산꼭대기에서 평생 살 수 있어?

성훈 그건 아니죠. 하지만 세상에 산이 하나만 있는 건 아니잖아요. 만약 인생이 등산이라면 저는 또 다른 최고봉을 향해서 도전할 것 같아요.

박쌤 그럼 성훈이 인생은 계속 산을 오르다가 끝나겠는걸? 정상에 오르는 순간 잠깐 행복하고 내려오는 동안, 또 다음 산을 올라가는 동안은 내내 다른 사람이 혹시 나보다 앞서가지 않을까, 내가 뒤처진 것은 아닐까 내내 걱정스럽지 않겠어? 그런 성훈이가 산새들이 지저귀는 소리라든가, 숲에 부는 상쾌한 바람 같은 것을 느낄 수 있을까? 저 높은 산봉우리만 쳐다보고 가느라 주변에 널려 있는 소중한 것들을 놓치지는 않을까?

성훈 하지만 저는 평범한 제 자신에 만족하고 살 자신이 없는데요. 그럼 저는 어떻게 살아야 해요?

박쌤 평범하게 살라고 하지 않았어. 평범해도 괜찮다고 얘기한 것 뿐이지. 어떻게 살아야 하냐고? 음, 아들러는 이렇게 얘기했지. 춤을 추듯 살라고.

성훈 춤을 추듯이요?

박쌤 그래, 춤을 추듯이. 우리 인생은 목표를 향해 주욱 달려가는 직선으로 이루어져 있지 않거든. 성훈이도 수학 시간에 배웠지? 선은 사실 들여다보면 무수히 많은 점으로 이루어져 있다는 거.

성훈 그거야 알죠. 그런 건 초등학생 때 배웠어요.

박쌤 우리 인생도 마찬가지거든. 무수히 많은 점으로 이루어져 있어. 그리고 우리가 서 있는 지금 이 자리, 지금 이 순간들이 바로 그 무수한 점들이야. 최고가 되겠다는 마음가짐은 아주 좋아. 하지만 그렇다고 저 멀리 있는 앞만 보고 달려가지 말고 최고가 되기 위해 지금 이 순간 할 수 있는 일들에 최선을 다하는 거야.

성훈 그런데 그게 춤추는 거랑 무슨 상관이에요?

박쌤 춤을 출 때 우리가 매 순간 동작에 집중하듯 살라는 말이야. 어린아이들이 춤추는 모습을 한번 떠올려 볼래? 팔을 흔들고, 엉덩이를 실룩거리고, 신나게 웃으면서 방 안을 휘젓고 다니는 모습 상상할 수 있지? 그러다 보면 거실 한가운데서 춤을 추던 아이가 소파에 가서 부딪히기도 하고, 엉뚱한 구석으로 향해 가기도 하고 그러잖아. 우리 인생도 마찬가지야. 신나게 춤을 추듯 살다 보면 어느새 어딘가에 도착해 있기 마련이지. 그게 네가 꿈꾸는 최고의 자리일 수도 있고, 아니면 전혀 엉뚱한 곳일 수도 있어. 하지만 어디면 어때? 춤을 추는 동안 내내 행복했으면 그것으로 족한 것 아닐까?

성훈 내내 행복하다……. 정말 그럴 수 있을까요?

박쌤 그럼! 그럴 수 있고말고. 성훈이는 계속 뭔가 새로운 도전을 찾고 있잖아? 거기서 최고가 되겠다는 생각 대신 도전 그 자체를 즐기는 건 어때? 새로운 걸 해 보고, 새로운 세계를 알고, 그 자체가 얼마나 재밌는 일이야? 그러다 보면 언젠가 평생 매달려 보고 싶은 일을 찾을 수도 있잖아. 안 그래?

성훈 생각해 보니까 저는 최고가 되고 싶은 것만큼 뭔가 새로운 일에 도전하는 것도 좋아하는 것 같아요. 로봇 만들기에 집중했을 때, 힘차게 자전거 페달을 밟으면서 바람을 느꼈을 때, 그때 제가 얼마나 행복했었나를 모르고 있었네요. 정말 중요한 게 뭔지 이제 조금 알 것 같아요.

박쌤 와, 금세 눈이 초롱초롱해진 게 뭔가 새로운 도전 거리를 찾는 것 같은 얼굴인데?

성훈 헤헷, 사실 관심을 가지고 있는 게 있었는데 섣불리 시작했다가 또 최고가 되지 못하고 좌절할까 봐 망설이고 있었거든요. 이제 홀가분한 마음으로 도전해 볼 수 있을 것 같아요.

박쌤 성훈아, 노력하는 사람은 즐기는 사람을 이기지 못한다는 말이 있어. 앞으로는 성훈이가 뭐든 즐기면서 최선을 다할 수 있기를 바라.

성훈 넵! 감사합니다, 선생님!

아들러의 용기 콕콕!

혼자 돋보이고 싶고, 우월감을 드러내고 싶은 마음의 바닥에는 두려움과 불안이 깔려 있는 경우가 많아. 사실은 실패할까 봐 두렵고, 뒤처질까 봐 겁이 나기 때문에 남들에게 자신이 얼마나 뛰어난 사람인지를 계속 알리고 싶어 하는 거니까.

혹시 우리와 함께 살아가는 다양한 '타인들'을 모두 '적'으로 생각하고 있지는 않아? 이기지 못하면 지고, 앞서지 못하면 뒤처지는 경쟁 관계로? 그러면 우리는 평생 행복할 수 없어. 경쟁의 끝에는 승자와 패자가 있을 뿐이니까. 그리고 경쟁은 끊임없이 되풀이되지.

나와 함께 세상을 살아가는 사람들을 한번 믿어 봐. 친구로 여기는 거지. 내가 신뢰하는 친구들과 경쟁할 필요가 있어? 다 함께 각자 최선을 다하면서 즐겁게 살면 되잖아.

세상은 1등으로 통과해야 하는 좁은 오솔길이 아니라 운동장보다 훨씬 넓은 곳이라고 생각해 봐. 그곳에서 우리는 누구는 걷고, 누구는 뛰고, 누구는 주변에 돋아난 풀꽃을 보면서 다양한 속도와 모양으로 살고 있다고. 그런 곳에서 혼자 1등 하겠다고 막 달리는 건 의미가 없지 않겠어?

02

나도 너도
중요해요

엄마가 하나부터 열까지 다 간섭해서 짜증 나요

박쌤 어휴, 웬 한숨을 그렇게 쉬니? 땅 꺼지겠다.

하영 선생님, 저 가출하고 싶어요.

박쌤 가출? 아니, 왜?

하영 저 진짜 엄마랑 너무 안 맞아서 못 살겠어요!

박쌤 뭐가 그렇게 안 맞는데?

하영 다 안 맞아요, 다! 우리 엄마는 제가 하는 건 하나부터 열까지 다 간섭하려고 해요. 이건 이렇게 해라, 저건 저렇게 해라……. 제가 무슨 한두 살 먹은 애에요? 제가 알아서 할 수 있다고 아무리 설명을 해도 그때뿐이고, 이제 진짜 더는 못 참겠어요. 엄마하고 눈만 마주쳐도 폭발할 것 같다고요!

박쌤 좀 구체적으로 얘기해 볼래? 도대체 무슨 일에 그렇게 간섭을 하실까?

하영 다른 건 다 그렇다 쳐요. 저는 정말 제 방만큼은 맘대로 쓰고 싶거든요. 엄마가 간섭을 안 했으면 좋겠거든요. 그래서 제발 그것만이라도 지켜 달라고 그렇게 부탁을 했는데 엄마는 시도 때도 없이 제 방에 들어와서 잔소리를 한단 말이에요. 옷은 왜 의자에 걸쳐 뒀니 옷걸이에 걸어서 옷장에 넣어야지, 책은 봤으면 책꽂이에 꽂아야지 왜 방바닥에 펼쳐 두니, 방 안에 머리카락 굴러다니는 것 좀 봐라, 벽에 지저분하게 뭐 좀 붙이지 마라…….

박쌤 엄마가 성격이 깔끔한 편이신가 보구나.

하영 네, 우리 엄마는 알아주는 깔끔쟁이에요. 그런데 전 깔끔한 것보다 편한 게 좋거든요. 아침마다 옷장에서 옷 꺼내는 거 얼마나 귀찮은데요. 매일 입는 겉옷 같은 거는 그냥 의자에 걸쳐 뒀다가 필요할 때 슥 집어 입으면 편하잖아요. 책도 그래요. 저는 이 책 저 책 막 펼쳐 놓고 생각날 때마다 바로바로 보는 게 좋아요. 볼 때마다 책꽂이에서 꺼내서 펼치는 거 귀찮단 말이에요. 그러면 잘 안 보게 된다고요. 만날 TV 그만 보고 책 좀 읽으라고 잔소리하면서 막상 책을 편하게 보는 건 방해한다니까요?

박쌤 음, 엄마하고 하영이가 성향이 달라서 많이 부딪히겠구나.

하영 며칠 전에 제가 어쩌다 바닥에 펼쳐 놓은 책을 밟고 넘어졌거든요? 와, 그때 엄마 잔소리 진짜 대박! 완전 기다렸다는 듯이 그것 봐라, 엄마 말 안 듣고 책 그렇게 놨다가 큰일 날 뻔했지 않냐…….

박쌤 그런데 그건 엄마 말씀이 맞지 않아? 진짜 큰일 날 뻔했잖아. 많이 다치지는 않았니?

하영 뭐 머리가 좀 띵하기는 했지만 괜찮았어요.

박쌤 하영이 불만이 뭔지 충분히 알겠어. 그리고 그건 당연한 거야. 하영이도 이제 하영이만의 가치관을 갖춰 갈 나이잖아. 그런데 엄마는 계속 엄마의 가치관으로만 하영이를 판단하려고 하니까 충돌이 생길 수밖에.

하영 제 말이요!

박쌤 그런데 하영아, 하영이의 가치관은 아직은 완성된 게 아니지 않니? 며칠 전에 했던 생각이 오늘은 바뀔 수도 있고, 오늘 했던 생각이 또 며칠 지나지 않아서 변하기도 하고 말이야.

하영 어……, 그런 면이 좀 없지 않아 있죠. 제가 좀 변덕이 있긴 있어요.

박쌤 그건 자연스러운 거야. 몸이 자라는 것처럼 마음도 자라는 과정이니까. 다양한 생각을 거치기도 하고, 새로 깨닫게 되는 것도 있을 테고, 또 아는 것도 늘어나겠지. 그러면서 점점 자기만의 가치관이 자리 잡게 되는 거지. 생각해 봐, 초등학생 때 생각했던 거나, 중학생 때 생각했던 것 중에 고등학생이 되고 나서 달라진 거 뭐 없어?

하영 있어요! 전에는 무조건 잘생긴 애가 좋았는데 요즘은 생긴 건 좀 그래도 얘기를 재밌게 잘하는 애가 좋더라고요, 히히…….

박쌤 아주 중요한 게 달라졌네? 그래, 이상형도 수시로 바뀔 때지. 그런데 그렇게 가치관이 형성되는 시기에 누가 자신의 가치관을 존중하지 않거나 무시한다는 생각이 들면 심한 반발심이 생기기도 한단다. 생각해 봐, 바닷가 모래밭에서 이제 막 너만의 모래성을 열심히 쌓아 가고 있는데 누가 옆에서 야무지게 자기 성 지어 놓고 너더러 네 거 별로다, 그렇게 하는 거 아니다, 이런 식으로 충고하면 기분 나쁘겠지? 자존심도 상하고. 그렇지만 더 좋은 모래성을 쌓으려면 잘 쌓는 사람한테 노하우를 배울 필요도 있지 않을까?

하영 그건, 뭐 좀 그렇죠.

박쌤 그러니까 엄마가 하는 말씀을 무조건 간섭이라고만 생각하지 말고, 엄마가 왜 그런 말씀을 하실까 하는 생각도 같이 해 보면 어떨까 싶어. 선생님 생각에는 다른 건 몰라도 방바닥에 책을 펼쳐 놓는 습관은 좀 고쳐야 하지 않을까 싶은데? 위험하잖아. 지난번엔 무사히 넘겼다지만 다음번엔 정말 큰일이 생길지도 몰라. 책을 다 읽을 때까지 펼쳐 놓는 게 좋다면 적어도 방바닥이 아닌 책상 같은 곳에 펼쳐 놓는 정도로 타협하는 건 어때?

하영 그건 그렇게 하는 게 좋겠네요.

박쌤 물론 엄마도 하영이가 이제 하영이만의 방식으로 살아갈 준비를 하고 있다는 걸 이해하고 인정해 주셔야 할 것 같아. 무조건 엄마의 방식을 따라 주기를 바라기보다는 하영이가 왜 그런 행동을 하는지부터 이해하시고, 그게 올바르지 않다고 생각될 때는 그 이유를 충분히 설명해 주시는 거지. 하영이가 스스로 이해하고 변화할 수 있도록 기다려 주시는 게 바람직할 것 같아.

하영 와, 선생님. 그 얘기 우리 엄마한테 꼭 좀 해 주세요, 네?

아들러의 용기 콕콕!

사람은 모두 자신의 행동을 합리화하려는 경향이 있지. 그래서 자신의 행동을 본능적으로 변명하기도 하고, 타인이 지적하고 간섭하는 것을 꺼리기도 해. 이렇게 자신의 행동을 합리화하면서 자신만의 논리를 전개하는 것을 '사적 논리'라고 해. 이 사적 논리는 우리가 다른 사람과 다른 자신만의 인격과 개성을 가지게 되는 바탕이 되기도 하지만 자칫 자기중심적 사고에 빠지도록 하는 함정이 되기도 하거든. 자신의 사적 논리가 타인의 눈으로 보아도 보편타당한 합리성을 갖추도록 하기 위해서는 자기중심적 사고에서 벗어나 객관적 시각으로 상황을 이해하려는 노력이 필요해.

부모님 맘대로 통금 시간을 정하는 건 부당해요

희정 선생님, 저는 이거 진짜 말이 안 된다고 생각해요. 통금 시간이라니요? 제 친구들 중에 그런 거 있는 애는 저밖에 없단 말이에요. 지금이 무슨 조선 시대도 아니고, 그냥 친구들하고 좀 자유롭게 놀다가 너무 늦지 않은 시간에 들어가고 싶다는 건데, 부모님은 제 말을 들은 척도 안 해요. 부모님 설득할 방법 좀 알려 주세요, 네?

박쌤 희정아, 천천히 얘기해. 숨넘어가겠다. 통금 시간이 있다고? 몇 시까진데?

희정 평일 11시, 주말 6시요. 평일엔 학원 수업 마치면 10시 반이거든요. 그러면 학원 끝나자마자 곧바로 집으로 가야 간신히 11시 안에 도착한단 말이에요. 학원 끝나고 친구들과 떡볶이도 좀 먹을 수 있고 그렇잖아요. 그런데 조금이라도 늦으면 아주 난리가 나요. 전화해서 어디니, 뭐 하느라 안 오니, 빨리 와라, 1분이라도 늦으면 용돈 없다……. 친구들 눈치가 얼마나 보이는지 몰라요. 요즘에는 애들이 아예 저는 끼워 주지도 않는다니까요? 너 빨리 집에 가야 하잖아, 이러면서요!

박쌤 그런데 학원 마치면 밤늦어서 엄마가 걱정을 하실 수밖에 없겠는데?

희정 평일엔 그렇다 쳐요. 주말은요? 6시는 정말 말도 안 되잖아요? 엄마 아빠는 학생이 뭐 그렇게 늦게까지 놀 일이 있냐고 일찍 나갔다가 일찍 들어오면 되지 않느냐고 하는데, 진짜 답답해 죽겠어요. 한창 재밌게 놀다가 혼자만 집에 가야 할 때 얼마나 신경질이 나는데요. 친구들이 저 때문에 노래방 같은 데를 만날 대낮부터 가야 한다고 짜증 내요. 제일 최악은 놀이공원 갔을 때에요. 거기서 통금 시간 맞춰 집에 오려면 얼마 놀지도 못해요. 자유이용권 끊기가 아까울 지경이라니까요? 저 이러다 진짜 왕따 될 거 같아요. 저 같아도 짜증 나서 저 같은 애랑 안 논다고요!

박쌤 통금 시간 문제에 대해서 부모님하고 진지하게 대화해 봤니?

희정 말이 통해야 말을 하죠. 엄마 아빠는 무조건 너는 뉴스도 안 보냐, 세상이 얼마나 험한데 너는 겁도 없냐, 어기면 용돈 없는 줄 알아라, 이런 소리만 계속하고…….

박쌤 그렇게 말씀하실 때 너는 뭐라고 말했는데?

희정 화내고, 짜증도 내고, 졸라도 보고…….

박쌤 음, 내 생각에는 희정이도 부모님도 서로에 대한 생각을 바꿀 필요가 있을 것 같아.

희정 어떻게요?

박쌤 우선 이것부터 생각해 보자. 희정이 생각에는 부모님이 왜 그렇게 통금 시간을 중요하게 생각하시는 것 같아?

희정 그거야 요즘 워낙 험한 일이 많이 일어나니 걱정스러워서 그러시는 거겠죠. 그건 저도 알아요. 하지만 저도 충분히 조심을 한다고요.

박쌤 그래, 부모님이 뭘 걱정하시는지는 희정이도 잘 알고 있지? 그런데 부모님께서 그 마음을 표현하는 방법이 조금 부적절한 것 같아. 희정이 입장에서는 지나친 통제라고 느껴질 수도 있을 것 같고.

희정 엄청 지나치죠!

박쌤 통제라는 건 원래 위에서 아래로 가해지는 거잖아? 그러니 희정이 입장에서는 자신의 생각이 전혀 존중받지 못한다고 느껴지겠지.

희정 맞아요, 그거예요!

박쌤 아들러 심리학에서는 모든 문제가 인간관계에서 온다고 봐. 그리고 근본적으로 우리는 모두 '수평 관계'를 맺어야 한다고 생각해.

희정 '수평 관계'라고요? 그럼 사람들이 모두 똑같다는 거예요?

박쌤 아니, 똑같다는 게 아니라 '대등'하다는 거야. 사람들이 어떻게 모두 똑같을 수가 있어. 나이도 다르고, 성별도 다르고, 직업도 다르고, 저마다 처해 있는 환경도 다 다른데. 하지만 다른 건 다른 것일 뿐 그걸로 누가 더 우월하거나 열등하다고 판단해서는 안 된다는 거야. 서로 대등한 존재일 때 우리는 서로를 어떻게 대해야 할까?

희정 적어도 누가 누구를 통제하려고 들지는 않겠죠.

박쌤 그럼 서로 의견 충돌이 생겼을 때는 어떻게 해결해?

희정 음……, 대화로? 에이, 이거 너무 뻔한 말이잖아요. 그리고 우리 엄마 아빠는 대화가 안 통한다니까요.

박쌤 부모님이 희정이를 대등하게 봐 주지 않는 것처럼 희정이도 부모님을 대등하게 보고 있지 않은 것 같네. 왜 부모님과 대화가 안 통할 거라고만 생각해? 아까 화내고, 짜증도 내고, 졸라도 보고 다 해 봤다고 했지? 그건 대화가 아니잖아. 사람들은 종종 내가 이만큼 이런 행동을 했으면 굳이 말로 안 해도 상대가 내 뜻을 알아들을 거라고 착각을 해. 누군가에게 내 의사를 분명하게 전달하고 싶으면 말을 해야지, 화를 낼 게 아니라.

희정 저도 다짜고짜 화부터 낸 건 아니라고요. 처음에는 저도 대화를 시도했죠. 하지만 안 들어 주신다니까요?

박쌤 엄마 아빠가 통금 시간을 정한 근본적인 이유가 뭐라고?

희정 저에 대한 걱정 때문이죠.

박쌤 그러면 그 부분에 대해서 함께 다시 얘기를 해 보는 게 어때? 부모님이 정확하게 어떤 부분이 걱정되시는지, 통금 시간만으로 그 걱정이 다 해소가 되는지, 그게 아니라면 어떻게 해야 부모님이 희정이에 대한 걱정을 줄이고 안심할 수 있을지 그 방법을 희정이가 스스로 생각해서 제안해 보는 거야. 그렇게 해서 서로의 입장을 충분히 이해하고 배려하면 부모님께서도 통금 시간 대신 희정이가 적절한 시간에 알아서 귀가하는 걸 허락해 주시지 않을까?

희정 그랬으면 좋겠네요. 일단 다시 한번 엄마 아빠하고 진지하게 대화를 해 봐야겠어요.

박쌤 이것도 꼭 기억해. 자기가 스스로 선택하고 결정한 일에는 더 큰 책임이 따르는 법이야. 만약 스스로 정한 약속을 지키지 못한다면 부모님은 이렇게 생각하실 거야. '역시 우리 딸은 아직 우리의 통제가 필요해. 좀 더 강력하게 통제를 해야겠어!'

희정 으으, 안 돼요! 제가 한 약속은 꼭 지킬 거예요.

아들러의 용기 콕콕!

아기들의 모습을 한번 떠올려 봐. 아기들은 자기 눈으로 본 것을 죄다 따라 하고 싶어 하잖아. 그래서 어설픈 숟가락질로 밥상을 엉망으로 만들기도 하고, 엄마의 화장대를 난장판으로 만들기도 하지. 그런 아이들한테서 숟가락이나 엄마의 화장품을 빼앗으려고 하면 어떻게 되겠니? 당장 다시 달라고 난리가 나겠지? 우리는 이렇게 본능적으로 무슨 일인가를 스스로 하고 싶어 하는 욕구가 있어. 그래서 어떤 일이든 스스로가 선택하고 결정한 것에 대한 성취 욕구나 책임감이 더 강하지. 그러니 청소년기에 접어들면서 자신의 생활에 대한 자율권을 확보하고자 하는 성향이 강해지는 건 당연한 거고 또 바람직해. 단, 그에 대한 책임감도 함께 배워야겠지? 만약 스스로 행하는 일에 책임을 지지 못한다면 누가 그 사람에게 자율권을 주겠어? 그러니 자신의 자율권을 지키고 싶다면 스스로 선택한 일이나 다른 사람들과 합의한 일을 책임감 있게 해 나가는 모습을 보여 주어야 해.

나를 할머니한테 보낸 부모님이 원망스러워요

박쌤 윤희는 부모님과 떨어져서 할머니와 살고 있다면서? 언제부터 할머니랑 지냈어?

윤희 다섯 살 때부터요. 엄마가 동생 가지고 너무 힘들어 하셔서 그때부터 할머니한테 와 있게 됐어요. 처음에는 동생 낳고 금방 데려간다더니, 막상 낳고 나니까 동생 조금만 클 때까지 기다리라는 거예요. 그런데 둘째가 좀 크니까 엄마가 또 막내 동생을 가지게 되어서……. 그렇게 됐어요. 중학생 때까지만 여기서 다니고 고등학생 때는 집으로 돌아가서 다니자고 하는데, 어떻게 될지는 그때 돼봐야 알죠, 뭐.

박쌤 집으로 돌아가는 날을 기다리겠구나.

윤희 별로요. 사실은 겁도 좀 나고요.

박쌤 겁난다고? 왜?

윤희 이제는 그냥 할머니랑 지내는 게 더 편하거든요. 막상 집으로 돌아가면 어색할 것 같기도 하고…….

박쌤 처음엔 좀 어색할 수도 있지만 금방 적응하지 않을까? 그건 너무 걱정할 거 없…….

윤희 아니요, 그런 게 아니라요……. 이제 와서 굳이 부모님과 함께 살 필요가 있을까요? 지금도 잘 지내고 있는데요. 괜히 가서 어색하게 끼어 있기 싫어요.

박쌤 가족한테 거리감을 느끼는 모양이네.

윤희 엄마 아빠도 내 자식 떼 놓고는 못 산다, 그런 것도 아닌 거잖아요. 그러니까 저는 떨어뜨려 놔도 괜찮은 정도의 딸 아니겠어요? 그런 부모님한테 애정 구걸하기 싫어요.

박쌤 부모님한테 서운한 게 많구나. 그럴 수 있지. 부모님께서 왜 지금 당장 윤희를 데려갈 수 없는지에 대한 설명은 충분히 들었어?

윤희 매번 동생들하고 오실 때마다 듣죠. 형편 조금만 더 나아지면, 동생들 조금만 더 크면……. 도대체 그 형편은 언제 나아지는데요? 동생들은 얼마나 더 커야 하는데요? 솔직히 마음만 있으면 언제든지 함께할 수 있는 거 아니에요? 그게 가족이잖아요. 그냥, 마음이 없는 거겠죠.

박쌤 그런 서운한 마음을 부모님께 얘기해 봤니?

윤희 …… 아니요.

박쌤 왜?

윤희 그런 얘기하면 엄마 아빠가 속상하잖아요. 저도 알긴 알아요. 엄마 아빠도 열심히 살고 계세요. 그냥, 이렇게 살다 보니 저는 동생들처럼 엄마 아빠를 대하는 게 편하지가 않고, 부모님하고 동생들도 지금처럼 사는 게 익숙한 것 같고…….

박쌤 윤희야, 부모들이 흔히 하는 착각이 있단다. 큰애는 큰애니까 아무래도 부모 마음을 잘 이해해 주겠지, 우리 사정을 잘 아니까 도와주겠지, 그런 마음을 가지기 쉽거든? 그래서 둘째, 셋째보다 첫째를 더 믿고 의지하게 되는 경향이 있단다. 그러다 보면 종종 첫째도 아직 아이라는 사실을 잊어버리기도 하지. 윤희야, 윤희는 부모님이 우리 사정이 이러저러하니 당분간 네가 할머니와 지내야 한다고 말씀하셨을 때 기분이 어땠어?

윤희 서운했죠. 솔직히 엄마 아빠가 저만 두고 가실 때는 진짜 버림받는 느낌이었어요. 저 처음 할머니랑 지내게 된 첫날 밤새 울었어요. 그 기억은 평생 잊을 수 없을 것 같아요.

박쌤 그런 얘기를 부모님한테 해야 해. 물론 부모님이 마음 아파하겠지. 하지만 이야기를 하지 않으면 부모님은 계속 윤희가 우리를 잘 이해해 주는구나, 잘 지내고 있구나, 이렇게 오해하게 되잖아. 괜찮지 않으면 괜찮지 않다고 말을 해야 해.

윤희 그냥 저 혼자 참으면 되는데 뭐 그렇게 여러 사람 힘들게 해요.

박쌤 그러면 네가 행복하지 않잖아. 네가 행복하지 않은데 엄마 아빠가 행복할 수 있을 거라고 생각하니? 사람은 각자 자기 몫의 과제가 있단다. 자식을 떼어 놓은 부모가 감당해야 하는 마음까지 네가 떠안을 수는 없어. 너는 가족을 이루는 기둥 중에 하나야. 그런 네가 혼자 버거운 짐을 안고 버티다 무너지면 나머지 기둥들이 그 영향을 안 받겠니? 그때 가서 더 무거운 짐을 가족들에게 떠넘기게 될 수도 있어.

윤희 그럼 제가 어떻게 해야 해요? 더 이상 떨어져 있기 싫다고 떼라도 써요? 당장 데려가라고요?

박쌤 그냥 솔직하게 말해야 해. 네가 얘기를 안 하면 엄마 아빠나 동생들이 네가 느끼는 소외감, 거리감 그런 거 어떻게 알겠니? 막연하게 알아주겠지, 알고 있겠지 하면 안 돼. 말을 해야 해, 정확하게. 말을 한들 무슨 소용이 있을까 싶니? 말은 생각보다 힘이 세단다. 한번 믿어 봐. 그런데 그전에, 윤희한테 하나 물어보고 싶은 게 있어.

윤희 뭔데요?

박쌤 윤희는 가족에게서 느껴지는 거리감을 없애기 위해 어떤 노력을 해 봤어?

윤희 네? 노력이요?

박쌤 그래, 노력. 지금 윤희한테 제일 중요한 문제는 가족에게 소속감을 느끼지 못한다는 것 같아. 윤희는 그게 단순히 함께 살지 않기 때문이라고 생각하니? 확실히 한집에 같이 살면 서로 투덕거리고 부대끼면서 더 쉽게 정이 쌓이기는 하겠지. 하지만 한집에 사는 가족이 모두 사이좋고 화목한 건 아니잖아? 또 부모님이 직장 때문에 멀리 가 계신 경우도 있고, 유학을 가서 부모님과 떨어져 지내는 아이들도 있고, 여러 가지 이유로 부모님과 함께하지 못하는 다른 아이들이 모두 윤희처럼 거리감을 느끼는 것도 아니고 말이야. 그럼 가족 간의 유대감이 단순히 거리에 비례한다고 할 수는 없지 않을까?

윤희 그럼 선생님 얘기는 제가 가족한테 거리감을 느끼는 게 제가 가까이 가려는 노력을 안 했기 때문이라는 뜻이에요?

박쌤 그게 아니라 윤희의 노력으로 달라질 수 있는 가능성이 충분한 문제라는 거야. 누군가와 동질감을 느끼고 소속감을 갖는 건 굉장히 중요해. 어디에도 속하지 못하고 갈팡질팡하고 있다는 느낌이 들면 얼마나 불안하겠어? 하지만 그런 소속감이 저절로 주어지는 건 아니란다.

윤희 뭘 어떻게 해야 얻을 수 있는데요?

박쌤 간단해. 누군가에게 도움이 되는 거야. 엄마한테 도움이 되고, 아빠한테 도움이 되고, 동생들한테도, 또 할머니한테도 내가 도움이 되는 사람이다, 라는 것을 깨닫고 나면 다시는 소외감을 느끼지 않을 거야. 뭔가 대단한 걸 하라는 게 아니야. 할머니 어깨 한번 주물러 드리고, 아빠한테 사랑한다는 말 한마디 건네고, 동생들한테 관심을 기울이는 걸로 충분해. 가족들이 네 도움을 알아채지 못하면 어때? 네가 스스로 가족들에게 도움이 되는 소중한 존재라고 느끼면 그걸로 충분해.

윤희 정말 그걸로 충분할까요?

박쌤 사실은 이미 충분하단다. 윤희가 그걸 깨닫지 못하고 있을 뿐이지. 만약에 지금 네가 윤희 부모님한테 전화를 걸어서 저는 박 아무개라는 사람인데 지금 교통사고를 당했어요, 라고 한다면 뭐라고 하실 것 같니?

윤희 장난 전화거나 미친 사람이라고 생각하겠죠.

박쌤 그럼 내가 이렇게 말하면? 강윤희 학생 보호자 되시죠? 윤희가 지금 교통사고로 병원에 입원을 했는데요…….

윤희 설마 진짜 그런 전화를 하실 건 아니죠?

박쌤 물론 아니지. 하지만 가족들이 어떤 반응을 보일지는 너도 충분히 예상이 되지? 사실은 너도 이미 알고 있는 거야. 네가 가족들에게 얼마나 소중한 존재인지 말이야.

윤희 …… 기분이 좀 이상해요. 좋은 것도 같고, 쑥스러운 것도 같고…….

아들러의 용기 콕콕!

나이 차이가 많이 나는 동생이 있니? 혼자 사랑을 독차지하며 자라다가 동생이 태어나면서 자신에게 쏠렸던 부모님의 애정과 관심이 분산되었을 거야. 얼마나 불안했을지 짐작이 가. 게다가 그 상태에서 혼자만 부모와 떨어져 있게 된다면 버림받았다는 서운함과 억울함이 마음에 그늘을 드리울 수밖에.

집안 형편이 어떻다는, 상황이 어쩔 수 없다는 등의 설명을 아이들이 이해해 줄 거라고 믿는 건 어른들의 착각이야. 어릴 때는 상황을 그렇게 이성적으로 이해하기가 쉽지 않거든. 그때의 분위기, 자신이 받았던 느낌, 그런 것들만 상처로 남아서 증폭되기가 쉽지. 그런 상처를 계속 마음에 담아 둔 상태라면 스스로 자신을 버림받아 마땅한 가치 없는 존재라고 여기게 될 수도 있고, 타인과의 관계 형성에 어려움을 겪게 될 수도 있어. 혹은 자신의 존재감을 확인하고 싶어서 과한 행동을 하게 될 수도 있고. 그러니 혹시 마음에 담아 둔 상처가 있다면 그 상처가 왜 생겼는지 객관적으로 생각해 봐. 그래도 마음이 풀리지 않는다면 혼자 품고 있지 말고 주변에 솔직하게 털어 놓고 극복해야 해.

사람들이 나에게 착하다고 할 때마다 왜 힘들까요?

박쌤 행신아, 이번에 본 테스트에서 우울 지수가 높게 나왔다고 담임 선생님께서 걱정 많이 하시더라.

행신 왜 그렇게 나왔는지 저도 잘 모르겠어요. 저는 별문제 없는데요.

박쌤 행신이 친구들한테 인기도 많고 말도 잘 듣는 착한 학생이라고 선생님께서 칭찬 많이 하시던데.

행신 인기가 많긴요. 애들은 그냥 제가 부탁을 잘 들어주니까 아쉬울 때 저를 찾는 것뿐이에요.

박쌤 친구들이 무슨 부탁을 주로 하는데?

행신 자질구레한 것들이요. 매점 갈 때 뭐 좀 사다 달라거나, 준비물 좀 빌려 달라거나, 어디 가는데 같이 가 달라거나, 그런 거죠 뭐.

박쌤 친구들이 부탁하면 다 들어줘?

행신 어지간하면요.

박쌤 안 귀찮니?

행신 습관이 돼서요. 집에서도 웬만한 일은 제가 다 하거든요. 부모님이 늘 바쁘셔서 집안일 하고 동생들 돌보는 건 거의 제 몫이에요.

박쌤 동생들은? 같이 도와주니?

행신 도와주긴요. 아직 꼬맹이들이라 만날 자기들끼리 투덕거리고 싸우기 바쁜데요. 동생들이 연년생이라 서로 만만해서 그런지 눈만 마주치면 싸워요. 안 싸우면 집 어지르고요.

박쌤 동생들하고 나이 차이가 많이 나는 편인가 보네?

행신 둘째는 저보다 여섯 살 어리고요, 막내는 일곱 살 어려요.

박쌤 부모님께서 행신이를 많이 의지하시나 보구나.

행신 아무래도 제가 첫째니까요.

박쌤 학교에서는 친구들 부탁 다 들어주고, 집에서는 온갖 일을 도맡아 하고, 힘들지 않니? 많이 지칠 것 같아.

행신 …… 사실은 힘들어요. 그런데 몸이 힘든 게 아니라 마음이요. 제가 너무 바보같이 느껴져서요. 아니 바보가 아니라 호구에요, 호구.

박쌤 호구? 자기 자신을 그렇게 생각하다니, 그럼 안 되지. 왜 그런 생각이 드는데?

행신 호구가 맞으니까요. 애들은 자기 필요한 거 있을 때는 제 옆으로 와서 친한 척을 하지만 평소에는 저한테 별로 신경 안 써요. 부모님도 마찬가지에요. 빨래 개고, 화장실 청소하고, 설거지하고 그런 걸 제가 하고 있으면 당연하게 생각하시면서 어쩌다 동생들이 한 번 도와주면 얼마나 칭찬하는데요. 동생들이 뭘 잘하면 동생들을 칭찬하면서 동생들이 조금이라도 말썽 부리면 그건 또 다 제 탓이에요. 형이 돼서 동생들 챙겼어야 하는 거 아니냐고 막 뭐라 그래요.

박쌤 그런 서운한 일들을 마음속에 잔뜩 쌓아 놓고 있으면서 왜 별

문제가 없다고 했니. 힘들면 힘들다고 말을 했어야지. 말도 안 하면서 다른 사람들이 알아서 네 마음을 헤아려 주길 바라는 건 무리야. 그러다 어느 날 네가 참다못해 폭발했다고 생각해 봐. 너한테는 참고 또 참은 결과겠지만 다른 사람 입장에서는 얘가 뜬금없이 왜 이래, 이럴 수도 있잖아. 그러면 또 서로 간에 오해가 쌓이게 되겠지.

행신 …… 말을 못하겠어요. 할 수가 없어요. 만약 그랬다가 친구들이 저한테 아무 부탁도 하지 않고 부모님도 저한테 아무 일도 안 시키면…….

박쌤 그게 왜 두려울까. 네가 그런 일들을 하지 않으면 주변 사람들이 너를 찾지 않을까 봐? 더 이상 착하다는 칭찬도, 고맙다는 말도 못 듣게 될까 봐? 행신아, 모두에게 좋은 사람이라는 소리를 듣는 사람이 정말 좋은 사람일까?

행신 그럼 나쁜 사람이겠어요?

박쌤 어, 나쁜 사람이야. 적어도 자기 자신한테는. 사람이 어떻게 모두에게 좋은 사람일 수가 있니? 그런 소리를 듣는다는 건 자신을 희생하며 주변 사람들에게 무조건 맞췄다는 뜻이잖아. 듣기 싫은 소리를 들어도 싫은 내색도 못하고, 하기 싫은 일도 다 참고 했을 거 아니야. 그런 사람이 겉으로는 좋은 사람이라는 칭찬을 들으면서 웃는다고 해도 속으로 행복할 수가 있을까? 행신이는 어때. 너는 네가 정말 주변에서 얘기하는 것처럼 착하다고 생각해? 속으로는 자신을 호구라고 비하하면서?

행신 자신을 희생하는 일이 그렇게 비난받을 일이에요?

박쌤 비난받을 일까지는 아니지만 칭찬받을 일도 분명 아니야. 왜냐하면 자기 자신이 행복하지 못하면서 진심으로 다른 사람을 위하는 건 불가능하거든. 우리가 살면서 얻어야 하는 건 다른 사람들의 인정이 아니라 내가 타인에게 도움이 되고 기쁨이 되고 있다는 공헌감이야. 공헌감은 누가 알아주지 않아도 자기 스스로 느끼는 거고. 그걸 위해서 뭐 거창한 것을 해야 하는 것도 아니야. 부모님이 힘들게 일하고 집에 돌아오셨을 때 네가 현관에서 다녀오셨어요, 하고 환하게 웃기만 해도 얼마나 기쁘시겠니. 엄마 아빠는 네 얼굴만 봐도 흐뭇하실 거야. 네가 그런 존재라는 걸 깨달아야지. 그러기 위해서 제일 먼저 해야 하는 일이 뭔지 알아?

행신 뭔데요?

박쌤 있는 그대로의 자기 자신을 좋아하고 사랑하는 일이야. 자신에게서 좋은 점을 찾고, 나는 충분히 사랑받을 만한 사람이라는 사실을 알아차려야지. 사람에게는 누구나 강점과 약점이 있거든? 어느 쪽을 보느냐에 따라 자기 자신을 대하는 태도가 달라져. 똑같은 면을 보더라도 생각하기에 따라 다르게 보이기도 하고. 내가 보기에 행신이는 호구가 아니야. 인정이 많고 남들이 의지할 만한 사람인 거지.

행신 뭐, 그렇게 얘기하니까 뭔가 좀 더 좋게 들리기는 하네요.

박쌤 그래, 그렇게 먼저 자기 자신에 대한 자신감을 채워야 해. 내 마음이 가난한 사람이 누구에게 도움을 줄 수 있겠어, 안 그래? 그리고 누군가가 도움을 청할 때도 그래. 무리한 부탁이라면 상황을 정중하게 설명하고 거절할 줄도 알아야지. 자기가 하기 귀찮은 일을 너한테 떠넘기는 부탁이라면 두말할 것도 없이 잘라야 하고. 만약 그런 부탁을 거절했다고 멀어지는 사람이라면 가까이할 필요가 없는 사람이야.

행신 그런데 여태까지 군말 없이 다 들어주다가 갑자기 친구들의 부탁을 가려서 거절하기 시작하면 거절당한 친구들이 욕하지 않을까요? 계속 해 오던 집안일이 힘들다고 느닷없이 투정을 부리면 엄마 아빠가 놀라실 것 같은데요.

박쌤 이유 없는 거절이 아닌데도 욕을 하는 친구들은 널 정말 호구로만 알았던 애들인 거 아니니? 굳이 친하게 지낼 필요가 있을까? 부모님께서는 놀라시더라도 네가 어떤 마음인지를 정확하게 아셔야지. 부모가 돼서 본인들이 자식의 마음을 계속 다치게 하고 있다는 걸 모르고 있으면 되겠니? 그건 네가 부모님께 상처를 되돌려

주는 거야. 용기를 내. 이 상황을 변화시킬 수 있는 사람은 오직 너 뿐이야.

행신 하아……, 제가 그렇게 할 수 있을까요?

박쌤 지금과 달라지고 싶다면 용기를 내는 수밖에. 아니면 계속 스스로를 호구라고 자책하면서 지낼 거야?

아들러의 용기 콕콕!

간혹 다른 사람들을 위해 과도하게 자신을 희생하는 사람들을 볼 수 있어. 그것은 타인을 위한 순수한 배려에서 나온 행동이라기보다 자신의 가치를 인정받으려는 욕구가 과하게 표출된 결과일 때가 많아. 낮은 자존감을 주변의 칭찬과 칭송으로 메우기 위한 행동일 수 있다는 뜻이지. 하지만 스스로 자신의 자존감을 회복하지 못하고 다른 사람의 평가에 의존해 존재감을 확인하려다 보면 점점 더 과하게 자신을 희생하게 되고 그러면 자신을 더욱 힘들게 하는 악순환에 빠질 수 있어.

다른 사람에 대한 공헌감은 분명 우리의 자존감을 만족시키는 중요한 요소야. 하지만 공헌감은 뭔가 대단한 것을 해야 얻을 수 있는 게 아니야. 우리는 이미 존재하는 것만으로 세상과 타인에 큰 공헌을 하고 있다는 걸 깨달아야 해. 생각해 봐. 친구가 꼭 날 위해 뭘 해 줘야만 좋니? 그냥 같이 있기만 해도 좋은 거 아니야? 만날 다투고 싸우기만 하는 형제나 자매를 생각해 봐. 그렇다고 해서 언니나 형이, 혹은 동생이 세상에 없었으면 좋겠어?

누가 누구를 위해 희생하면서는 절대 행복할 수 없어. 우리는 서로 희생하면서 사는 게 아니라 서로를 도우면서 살고 있다는 사실을 잊지 마.

내가 해 준 만큼 개도 해 줘야 하잖아요

은수 선생님, 저 진짜 분하고 억울해서 못 살겠어요. 어른들이 왜 울화병이 나는지 이제 알겠다니까요?

박쌤 현정이라는 친구 때문에? 오래된 친구라고 했지?

은수 오래된 친구였죠. 이젠 아니지만요. 초등학생 때부터 친했거든요. 서로 다른 중학교로 가게 됐을 때는 울기까지 했어요. 같은 고등학교 배정받았을 때는 너무 기뻐서 또 울었고요.

박쌤 그런 친구하고 어쩌다가 사이가 틀어졌을까?

은수 사이가 틀어진 게 아니라 제가 일방적으로 뒤통수 맞은 거죠!

얼마 전부터 현정이가 저를 자꾸 피하더라고요. 전화도 잘 안 받고 메신저로 연락해도 답도 없고 그러는 거예요. 걔가 원래 그런 애가 아니었거든요? 혹시 집에 또 무슨 일이 있는 건가 싶어서 막 걱정하고 있는데 며칠 전에 어떤 애가 저한테 오더니 너 현정이한테 좀 너무했더라, 그러는 거예요!

박쌤 음? 뭐가 너무했대?

은수 제가 현정이를 막 거지 취급하고, 위하는 척하면서 잘난 척 엄청 하고 그랬다는 거예요? 현정이가 저 때문에 상처 받아서 엄청 울었다는 거 있죠? 제가 그 얘기 듣는데 진짜 기가 막히고 코가 막혀서…….

박쌤 현정이가 진짜 그런 말을 했대? 잘 모르는 애 말만 듣고 친구를 오해한 건 아닐까?

은수 제가 그런 말을 듣고 가만히 있었겠어요? 당장 현정이 불러내서 따졌죠. 너 정말 나 때문에 힘들어서 운 적 있냐고요. 그랬더니 진짜라는 거예요, 얘가!

박쌤 뭐가 그렇게 힘들었대?

은수 현정이네 집이 작년부터 좀 많이 어려워졌거든요. 현정이네 아빠가 회사를 그만두고 장사를 시작하셨는데 잘 안 되는 것 같아요. 그래서 현정이가 사고 싶은 것도 제대로 못 사고 용돈도 늘 부족한 눈치여서 제가 엄마 졸라서 제 거 살 때 현정이 것도 같이 사고 그랬어요. 떡볶이, 햄버거 같은 것도 늘 제가 샀고요.

박쌤 음, 현정이가 늘 받기만 해서 부담스러웠을까?

은수 그러면 그렇다고 저한테 말을 했어야죠! 받을 건 다 받아 놓고 뒤에 가서는 제가 생색낸다고 흉을 보고 다니는 게 말이 되나요? 어후, 저 진짜 걔가 그런 애인 줄 꿈에도 몰랐다고요!

박쌤 생색냈니?

은수 우리가 똑같은 가방 메고, 똑같은 신발 신고 다니고 그러니까 친구들이 커플로 맞췄냐고 묻잖아요. 그래서 우리 엄마가 사 줬다고 했죠. 그게 생색이에요? 그냥 사실을 말한 거잖아요.

박쌤 음……, 그건 현정이 입장에서는 마음이 좀 상할 수도 있었겠는데?

은수 그럼 처음부터 받지를 말던가요. 받을 땐 좋아해 놓고서 뒤에 가서 딴소리하는 건 웃기는 거 아니에요? 왜 그랬냐고 따지니까 걔 말이 처음에는 정말 고마웠대요. 그런데 제가 자꾸 애들한테 저것도 우리 집에서 사 줬다, 저것도 내가 해 줬다 그러니까 자기가 무슨 거지처럼 느껴졌다는 거예요. 그리고 제가 은근히 그런 걸 핑계로 자기를 저 하고 싶은 대로 끌고 다녔다는 거 있죠?

박쌤 아무래도 현정이 입장에서는 네 눈치가 좀 보이기는 했겠지. 그러니까 네가 뭘 하자 그러면 거절하기도 힘들었을 테고.

은수 누가 들으면 제가 걔를 아주 못 살게 군 줄 알겠어요. 솔직히 요즘 걔가 너무 의기소침해 있는 것 같아서 나오기 싫다는 거 억지로 불러내서 같이 시내 놀러 간 적 몇 번 있긴 있어요. 그거 다 걔 생각해서 그런 거거든요? 그리고 사실 내가 자기한테 해 준 게 얼만데 그 정도는 저한테 해 줘야 하는 거 아니에요? 어차피 나가면 먹을 것도 제가 다 사고, 화장품 제 거 살 때 걔 것도 같이 사 주고 그러는데요.

박쌤 은수야, 은수는 친구가 어떤 관계라고 생각하니? 내가 너한테 이만큼 해 주면 너도 나한테 이만큼 해 줘야 하는 관계?

은수 그래야 공평한 거 아니에요?

박쌤 공평이라……. 그러면 은수는 사람들 사이의 관계를 생각할 때 이 사람한테는 이만큼 받았으니까 이만큼 돌려주고, 저 사람한테는 저만큼 받았으니까 저만큼 돌려줘야지 하고 일일이 계산을 하니?

은수 그런데 솔직히 말하면 그런 거 속으로 다들 따지는 거 아니에요? 예를 들면 누가 저한테 만 원짜리 다이어리를 선물로 줬어요. 그런데 저는 그 사람 생일날 오천 원짜리 핸드크림을 선물로 줘요. 그러면 그 사람이 당연히 기분 나쁘지 않을까요?

박쌤 인간관계를 그렇게 주고받는 게 비슷해야 하는 계산적인 관계로 본다면 그렇겠지. 하지만 은수야, 사람들 사이의 관계는 편의점에 가서 돈을 내고 물건을 사고 거스름돈을 돌려받는 과정하고는 달라. 상대방을 위해 무언가를 할 때는 그 의도가 순수한 호의여야 해. 상대방에게 뭔가 보상을 바라고 하는 행동이라면 그건 절대 호의가 아니야.

은수 보상을 바라지 말라고요? 그럼 그건 제가 너무 손해 보는 거 아니에요?

박쌤 그런 생각이 들면 아예 베풀지 마. 차라리 그게 나아. 은수 좀 전에 내가 자기한테 해 준 게 얼만데 그 정도는 나한테 해 줘야 하는 거 아니냐고 했지? 그 말은 바꿔 말하면, 내가 너한테 해 준 게 더 많기 때문에 너는 내 말을 따라야 한다는 의미로 들릴 수도 있는 거야. 그건 이미 평등한 관계가 아니지. 무의식중에 상하 관계를 맺어 버린 거야. 그러니 현정이로서는 기분이 좋을 리가 없지.

은수 제가 현정이와 저의 관계를 상하 관계로 만들어 버렸다는 말씀이네요.

박쌤 예전에는 모르겠지만 지금은 그런 것 같아. 아들러 심리학에서는 '평등한 인간관계'를 권해. 친구뿐만 아니라 모든 인간관계에 다 해당하는 말이야. 상대가 누구든 대등하게 대하라는 거지. 그리고 그중에서도 친구야말로 정말 서로 대등해야 하는 관계가 아닐까?

은수 저는 정말 현정이를 생각해서 그랬는데, 잘난 척할 생각은 없었는데…….

박쌤 은수야, 상대와 나의 거리가 무조건 가깝다고 다 좋은 건 아니란다. 딱 달라붙을 만큼 가까워야 진정한 친구가 되는 건 아니야. 오히려 원만한 관계를 맺기 위해서는 적당한 거리 유지가 필요해. 좋아하는 가수가 TV에 나왔다고 자세히 보고 싶은 마음에 바짝 가까이 가 앉았다고 생각해 봐. 보이겠니? 눈만 피로하지. 아무리 잘 보고 싶어도 적당히 거리를 두고 떨어져 앉아야 화면이 더 잘 보이는 것처럼 사람들 관계도 그래. 지나치게 가까이 있으면 가끔 피로할 수도 있는 거야. 현정이가 의기소침하면 의기소침한 대로 지켜봐 주고, 혼자 있고 싶어 할 때는 혼자 있게 해 주는 게 배려란다.

은수 솔직히 현정이에 대한 화가 다 풀린 건 아니지만, 뭔가 지금

이 상황이 현정이 혼자만의 잘못이 아니라는 건 알 것 같아요. 마음이 많이 복잡하네요. 집에 가서 천천히 다시 생각해 볼래요.

아들러의 용기 콕콕!

친구는 나를 위해 뭔가를 '해 주는' 존재가 아니라 내 곁에 함께 '있어' 주는 존재야. 조금 어려운 말로 하자면 친구를 '행위'의 차원이 아니라 '존재'의 차원에서 보라는 말이야. 이건 친구 관계뿐만 아니라 다른 인간관계에 모두 해당하는 말이기도 해. 내가 친구에게 이만큼 해 줬으니까 걔도 나한테 그만큼 해 주겠지, 라는 생각을 하는 순간 어떤 관계든 그 관계는 거래 관계로 변질되고 말거든. 도움을 주고 대가를 기대할 바에는 차라리 친구에게 아무것도 해 주지 않는 게 관계 유지에는 더 도움이 될 수도 있어.

누군가에게 도움이 된다는 건 궁극적으로는 자신을 위한 일이야. 자신이 누군가에게 도움이 되는 가치 있는 사람이라는 증명이니까. 그러니까 누군가에게 도움을 준다는 건 그 자체로 기쁘고 보람 있는 일이라는 것을 깨달았으면 좋겠어.

단체 채팅방에서 친구들이 나를 괴롭혀요

은영 선생님, 저 진짜 죽고 싶어요. 진짜 어떻게 해야 할지 모르겠어요.

박쌤 혼자 해결하기 힘든 문제는 함께 해결하면 되지. 자, 진정하고 뭐가 그렇게 힘든지 말해 봐.

은영 친구들끼리 얘기하는 단체 채팅방이 있거든요. 거기서 한 친구가 자꾸 저한테 시비를 거는 거예요. '오늘 은영이 치마 봤어? 와, 그 다리에 그 치마 길이면 폭력 아니야? 악, 내 눈! 은영이 다리 안 본 눈 삽니다!' 막 이러고요, 햄버거 먹다가 셀카를 찍어서 올렸더니 '웩, 옆 사람들 먹다 토하겠다! 예쁜 척 좀 그만해' 이렇게 비아냥거려요. 그러면 다른 애들도 따라서 몇 날 며칠씩 놀리고, 비꼬고, 조롱하고…….

박쌤 그런 걸 주로 한 친구가 주도한다는 말이니?

은영 네, 채영이라는 애가요. 그래서 제가 참다못해 걔하고 따로 연락을 했거든요? 너 도대체 나한테 왜 그러냐고, 나한테 무슨 감정 있냐고, 그러면 차라리 직접 말을 해라, 왜 단체 채팅방에서 나를 계속 욕하냐, 나 진짜 상처받았다……. 그랬더니 걔가 알았다고 하더니 단체 채팅방에 '은영이가 내가 여기서 한 말 때문에 상처받았대. 미안, 사과할게. 나 이제 여기서 아무 말도 안 할래' 이렇게 쓴 거예요. 그랬더니 애들이 죄다 또 저한테 '와, 다 같이 웃자고 얘기한 거 가지고 은영이가 채영이한테 따진 거냐, 은영이 무섭다, 채영이가 틀린 말 한 것도 없는데 뭘 그렇게 잘못했냐, 나도 앞으로는 아무 말도 안 해야겠네……' 이런 식으로 반응해요.

박쌤 그 채팅방에 있는 친구들이랑 실제로도 자주 만나니?

은영 같은 반 친구들이니까 매일 보죠. 그런데 바로 앞에 있어도 저하고는 말을 안 하고 다들 채팅으로만 얘기해요. 그러니 그 채팅방을 안 볼 수도 없어요. 교실에 다 같이 있어도 저만 혼자 있는 것 같고 너무 힘들어요.

박쌤 아마 그 채팅방에서 나오고 싶어도 쉽지 않겠지. 애들이 나

모르게 무슨 얘기를 하고 있는지 몰라서 불안할 테고, 계속 있자니 상처를 받고…….

은영 맞아요. 그리고 실제 몇 번 나온 적도 있었거든요? 그랬더니 애들이 계속 초대를 하는 거예요. 나오면 또 초대하고, 또 초대하고……. 나올 수도 없어요.

박쌤 선생님이나 부모님 같은 주변의 도움이 필요한 상황이 맞구나. 그전에 우리 좀 더 근본적인 걸 한번 생각해 볼까? 우선 은영이가 혹시 친구의 글을 오해했을 가능성은 없을까? 속담에 같은 말도 아 다르고 어 다르다는 말도 있잖아. 우리가 말을 할 때는 단순히 소리만 내는 게 아니거든. 말을 하는 사람의 표정, 동작, 말의 길이나 높낮이, 그때의 상황 같은 것들이 모두 종합되어 의미를 전달한단 말이야. 그런데 글에는 그런 것들이 다 생략되어 있으니까 의미가 의도와 다르게 전달될 수도 있지 않았을까?

은영 선생님은 제가 채영이가 채팅으로 올린 글을 오해해서 먼저 걔 마음을 상하게 했을 거라는 말씀이에요?

박쌤 가능성을 생각해 보자는 거야, 가능성. 처음에는 채영이가 정말 좋은 마음으로 칭찬을 했는데, 은영이가 반응을 잘못 보여서 마음이 상했을 수도 있지. 그런 사소한 오해가 크게 번져 문제를 크게 만들기도 하잖아. 상대만 탓하기 전에 혹시 내가 뭔가 오해를 살 행동을 하지 않았는지 생각해 보자는 거지. 만일 그런 거라면 그것 때문에 친구 관계가 이렇게까지 틀어지는 건 슬픈 일이잖아.

은영 만약 그게 아니라면요? 아니, 처음에는 오해였다고 쳐요. 하지만 지금은 이미 그 오해가 풀린다고 해서 뭔가 나아질 것 같지도 않단 말이에요. 애들은 버릇처럼 저를 놀리고 무시한다고요!

박쌤 그래, 은영이는 지금 세상이 온통 자기를 따돌리는 것처럼 느껴지고 외롭겠지. 그리고 실제로도 그래. 왜냐하면 지금 은영이의 세계는 은영이를 둘러싼 친구들이고 학교니까. 그런 세계에 소속감을 갖지 못하면 얼마나 힘들겠니. 하지만 은영아, 은영이는 아주 중요한 사실 하나를 깨달아야 해.

은영 그게 뭔데요?

박쌤 언제나 더 큰 세상이 기다린다는 사실이지.

은영 더 큰 세상이요?

박쌤 그래, 더 큰 세상. 지금 은영이를 괴롭게 하는 그 친구 관계가 얼마나 갈 것 같니? 당장 몇 년 후에 졸업한다고 생각해 봐. 그 친구들을 계속 보고 싶어도 쉽지가 않을 거야. 각자 다른 길로 흩어질 테니까. 그리고 은영이 곁에는 새로운 사람들이 있겠지. 새롭게 만날 사람들을 생각해 봐.

은영 그럼 졸업할 때까지는 계속 지금 같은 상황을 견뎌야 하는 거예요?

박쌤 아니, 그렇지 않아. 생각해 봐, 은영아. 우리는 굉장히 다양한 공동체에 속해 있어. 작게는 가족에서부터, 학교 친구들, 우리 마을, 우리나라, 넓게 보면 '인류'라는 거대한 공동체의 일원이야. 안 그래?

은영 에이, 인류까지 가는 건 좀 오버 아니에요?

박쌤 절대 아니야. 그리고 언제나 더 큰 공동체의 논리가 우선한단다. 지금 친구들 사이에서는 너를 놀리고 무시하는 게 버릇처럼 되어 있다고 했지? 그건 그 친구들 사이에서는 그게 허용된다는 거잖아. 하지만 조금만 더 큰 단위로 나가 볼까? 학교 전체가 그 사실을 알게 됐다고 생각해 봐. 그게 허용될까?

은영 학교에서는 당연이 잘못된 거라고 하겠죠.

박쌤 그럼 이 문제가 사람들한테 알려져서 사회 문제가 됐다고 해 보자. 사람들은 어떻게 반응할까?

은영 물론 왕따는 잘못이라고 하겠죠.

박쌤 그럼 네 친구들 말이 맞는 걸까, 더 많은 사람이 하는 말이 맞을까?

은영 무슨 말씀하는지 알겠어요. 우물 안 개구리처럼 굴지 말라는 뜻이죠?

박쌤 그래, 맞아. 굳이 좁은 우물 같은 지금의 친구들 관계에 너를 맞추려고 하지 말고 조금 더 크고 넓은 공동체에 관심을 돌려 보는 건 어떨까 싶어. 뭔가 네가 속하고 싶은 다른 공동체를 찾아서 거기에서 도움이 되는 일을 해 보는 거야. 그걸 '공헌'이라고 하는데, 공동체에 적극적으로 공헌할수록 스스로 느끼는 소속감도 커지는 법이거든.

은영 더 큰 공동체……. 그러니까 생각나는 게 있는데요, 제가 봉사 동아리에 가입했거든요. 다른 학교랑 연합해서 봉사 활동도 하고 그러는데, 사실 그동안 열심히 활동 안 했어요. 이제라도 열심히 활동해 볼까요?

박쌤 그래, 그것도 좋은 방법이네. 같이 봉사 활동하면서 마음 맞는 친구들을 많이 만나면 좋겠다, 그렇지? 더 큰 사회를 만나고, 더 많은 사람을 만나 다양한 관계를 맺다 보면 몇몇 친구와 얽혀 마음고생 했던 일이 점점 희미해질 거야. 여기 컵 안에 든 커피 봐봐. 이걸 내가 대야에 가득 담은 물에 부으면 어떻게 될까? 또 그 대야 속의 물을 연못에다 부으면?

은영 그 속에 섞여 있는 커피 한 잔은 티도 안 나겠죠. 그렇게 생각하니까 조금 용기가 생기네요. 감사해요, 선생님.

아들러의 용기 콕콕!

요즘 인터넷 공간에서 다양한 문제가 발생하고 있지? 단체 채팅방에서 일어나는 각종 언어폭력이나 집단 따돌림 같은 것들이 대표적이야. 집단 따돌림은 현실에서도 문제지만 인터넷상에서도 큰 문제야. 아니 오히려 인터넷상에서가 더 큰 문제라고 할 수 있지. 시간과 공간의 제약이 없다시피 해서 현실에서보다 훨씬 더 집요하게 이루어질 수 있으니까. 게다가 겉으로 봐서는 누가 그런 피해를 당하고 있는지 티 나지 않는다는 것도 피해를 키우는 원인 중에 하나야.

청소년 시기는 그 어느 때보다 또래 집단과의 유대가 중요하게 작용하는 때지. 그래서 그 집단 내에서 소속감을 얻지 못하고 배척당하면 심리적 타격이 엄청나. 이럴 때 제일 중요한 것은 자신을 따돌리는 그 집단이 세상의 전부가 아니라는 것을 빨리 깨달아야 한다는 거야. 우물 안에서 개구리들이 괴롭히면 우물을 벗어나서 더 큰 시냇가로 나오면 돼. 하지만 혼자서는 우물을 빠져나오는 방법을 찾기 힘들 수 있어. 그럴 때는 적극적으로 외부에 손을 내밀어야 해. 세상에는 내가 어려움에 처했을 때 손을 내밀어 줄 사람들이 반드시 있다는 것을 믿어. 그게 사실이니까.

우리는 참 다른데,
그래서 더 잘 맞아요

박쌤 어머, 이게 누구야! 어서와, 수영아, 정석아!

수영 정석 안녕하세요, 선생님!

박쌤 오랜만이야, 잘들 지냈어?

수영 네. 선생님도 여전하시네요. 올해는 〈청소년 아들러 캠프〉 언제 해요?

박쌤 곧 해야지. 왜? 또 오고 싶어?

정석 수영이 사촌 동생 보낸대요. 걔도 다녀오면 큰 도움이 될 것 같다고요.

박쌤 곧 홈페이지에 일정 올라가긴 할 거야. 그럼 수영이한테는 내가 따로 연락 줄게. 그래, 너희는 요즘 어떻게 지내니?

수영 선생님, 저희 이번 방학 때 배낭여행 가려고요.

박쌤 그래? 와, 부럽다! 어디로 갈 건데?

수영 일단 유럽으로 갈 거고요, 자세한 계획은 정석이가 잘 알 거예요.

박쌤 호호, 너희는 여전하구나. 안 봐도 빤하네. 수영이가 일 저지르고 정석이가 수습하는 중이구나?

정석 그렇죠, 뭐. 저는 사실 선뜻 간다고 하기 좀 겁났는데, 수영이가 배낭여행 다녀오는 거 허락해 달라고 저희 부모님이랑 자기 부모님 다 설득했어요.

박쌤 이야, 너희들은 여전히 죽이 척척 맞는구나.

수영 그렇죠? 헤헤. 주변에서 다들 신기하대요. 저하고 정석이는 누가 봐도 성격이 정반대인데 만날 투덕거리면서도 잘 붙어 다닌다고요.

박쌤 너희를 보면 정말 기분이 좋아. 마치 관계 맺기의 모범 사례 같거든. 사람들은 보통 타인과의 관계에서 자신의 우월함을 확인하고 싶어 하는 경향이 있어. 그래서 상대방의 장점보다는 단점을 먼저 찾아내곤 하거든. 그런데 너희는 상대의 약점보다는 장점을 찾아서 자신의 약점을 잘 보완하고 있단 말이지. 참 멋진 친구들이야.

수영 음, 사실 저도 제가 좀 충동적이고 즉흥적인 성격이라는 게 마음에 안들 때가 있거든요. 하지만 전 아무리 노력해도 정석이처럼 꼼꼼하고 계획적인 생활을 하는 게 쉽지 않더라고요. 막 머리가 터질 것 같고……. 그런데 정석이랑 있다 보면 뭔가 요령이 생긴다고 할까? 배우는 게 있더라고요.

정석 저는 반대로 뭐든 계획이 서지 않으면 시작을 못하는 편인데, 계획을 너무 한 치 오차도 없이 짜려다 보니 거기에만 매달려서 막상 뭐 하나 실천하려면 너무 오래 걸리는 게 좀 그랬거든요. 그런데 수영이가 대책 없이 일을 저지르고 나서 둘이 어떻게 하다 보면 뭐가 또 얼떨결에 굴러가기도 하고 그러더라고요. 가끔은 수영이처럼 일단 무작정 시작부터 해 보는 것도 필요하겠구나 싶은 생각이 들기도 해요.

박쌤 사람은 누구나 장점과 단점을 함께 가지고 있지. 그런데 사람들은 흔히 장점을 부각시키기보다는 단점을 극복하려는 노력을 더 많이 하곤 해. 하지만 단점이 쉽게 극복되면 그게 단점이 아니거든. 그러니까 차라리 장점에 집중을 하는 게 더 나아. 실제 그런 연구 결과도 있어. 그런 면에서 너희는 정말 찰떡궁합 같아. 서로의 단점을 자신의 장점으로 보완해 주고 있으니까 말이야.

수영 정석아, 너 선생님 말씀 잘 들었지? 단점에 신경 쓰기보다는 장점에 신경 써야 한다고. 그러니까 넌 머리 큰 거 가리려고 자꾸 모자 같은 거 쓰지 말고 차라리 신발을 화려한 걸 신어. 시선이 위쪽 말고 아래쪽으로 가게.

정석 야, 그러는 너는 다리가 짧으니까 가슴에 꽃이라도 꽂아야 되냐? 시선이 아래로 안 가게?

수영 너 다리 얘기하지 말라 그랬지?

정석 네가 먼저 머리 얘기했잖아!

박쌤 아이고, 얘들아! 우리 충분히 반가웠으니까 오늘은 그만 헤어지자. 나가서들 싸워, 응?

아들러의 용기 콕콕!

사람들은 누구나 자기만의 가치관과 개성을 가지고 있지. 하지만 누구도 완벽하지는 않아. 그 점을 잘 인지하고 나의 가치관과 개성이 중요하다고 생각하는 만큼 타인의 가치관과 개성도 존중해 주는 사람들이 두루두루 원만한 관계를 맺고 지내는 모습을 볼 수 있지. 즉, 타인과 잘 지내기 위해서는 '상호 존중'의 정신이 필요하다는 거야. 상대방의 부족함을 내가 채워 주고, 나의 모자란 점을 상대방이 보완해 준다면 더욱 훌륭한 관계를 맺을 수 있지. 여기서 중요한 말은 '보완'이야. 나와 상대방이 서로가 서로를 보완해 주는 역할을 하는 것! 그게 바로 상생하는 방법이겠지?

관심을 끌고 싶어서 말썽을 부린다고요?

박쌤 안녕, 용진아.

용진 안녕 못한데요. 저는 진짜 상담 같은 거 필요 없다니까요. 빨리 하실 말씀하시고 보내 주세요.

박쌤 아이고, 성격도 급하지. 얘기하기 싫으면 안 해도 돼. 출출하지 않아? 이것 좀 먹어 봐. 이 집 빵이 그렇게 맛있다더라. 아까 내가 줄 서서 사 온 거야. 먹는 동안 얘기 좀 해도 될까? 용진이는 그냥 듣기만 하면 돼.

용진 해 보세요.

박쌤 내 동생이 고등학교 선생님이거든? 그런데 걔 반 학생 중 한 명이 그렇게 속을 썩인다는 거야. 이름이 석호라던가? 아무튼 이 녀석이 학교를 밥 먹듯이 빠지는데 어쩌다 학교에 와도 툭하면 애들한테 소리 지르고, 괴롭히고, 수업 시간에는 만날 엎드려 자고…….

용진 제 얘기하는 거예요?

박쌤 아니? 석호 얘긴데? 아무튼 이 녀석을 아무리 혼을 내도 소용이 없고, 부모님 오시라고 해서 상담을 해 봐도 소용이 없고, 어떻게 해야 할지 모르겠다는 거야. 그래서 내가 동생한테 뭐라고 했는지 알아?

용진 뭐라고 했는데요?

박쌤 절대 혼내지 말라고 했지.

용진 네?

박쌤 혼을 내면 낼수록 녀석은 더할 거거든. 왜냐하면 석호가 그렇게 말썽을 부리는 건 혼이 나고 싶어서니까.

용진 무슨 말도 안 되는 소리예요?

박쌤 혼을 낸다는 게 결국 무슨 뜻이겠어? 관심을 가지고 나한테 말을 걸어 준다는 거잖아. 보통 대부분의 아이들은 뭔가를 열심히 한다던가 하는 긍정적인 방법으로 주목을 받으려고 하지. 그런데 그런 방법으로 주위의 관심을 끄는데 실패한 아이들은 반대로 말썽을 부리기도 해. 하지만 그러다 보면 선생님이나 친구들이 점점 자신을 피하지. 얼마나 좌절감이 느껴지겠어? 그러면 더 심한 말썽을 부리는 거야. 정말 가슴 아픈 일이지?

용진 전 관심 따위 필요 없거든요?

박쌤 네 얘기라고 안 했는데? 왜, 듣고 보니 너도 석호랑 비슷한 것 같니? 알고 보니 석호는 어릴 때 엄마가 집을 나간 후 할머니랑 둘이 살고 있었대. 아빠는 직장이 멀어서 자주 못 오시고. 그래서 많이 외로웠나 봐. 다른 사람의 관심을 끌고 싶어서 과잉 행동을 하게 된 건 그 때문인 것 같고. 말하자면 다른 사람과 관계를 맺는 방법을 잘 몰랐던 거지. 그러니까 석호의 행동을 바로잡아 주려면 혼을 내는 대신 올바르게 관계 맺는 방법을 가르쳐 줘야 한다고 동생에게 알려 줬어.

용진 올바르게 관계 맺는 방법이요?

박쌤 응. 석호가 말썽을 부리면 거기에 어떤 반응도 보이지 않는 거야. 대신 화를 낼 만한 상황이었는데 잘 참았다거나, 수업에 집중한다거나, 과제를 성실하게 했다거나 하는 긍정적인 행동을 했을 때 기쁨을 나타내 주는 거야.

용진 기쁨이요?

박쌤 왜, 칭찬을 해 주라고 했을 것 같니? 아니, 아들러 심리학에서는 칭찬을 좋은 방법이라고 생각하지 않는단다. 왜냐하면 칭찬은 윗사람이 아랫사람에게 하는 거잖아. 그런 수직적인 인간관계가 바람직하지 않다고 보거든. 모두가 모두를 대등하게 대하는 수평적인 관계야말로 인간관계에서 오는 다양한 갈등을 해결할 수 있는 출발점이라고 할 수 있지.

용진 뭐예요, 그게. 그러면 선생님하고 학생도 서로 대등하다고요?

박쌤 그럼, 대등하지. 대등하다는 건 무조건 똑같다는 게 아니야. 선생님은 가르쳐야 하는 역할이 있고 학생은 배워야 하는 입장이지만 인간 대 인간으로는 같다는 의미야.

용진 칫, 웃기지도 않네요. 그래서 그 석호라는 애는 어떻게 됐는데요?

박쌤 동생이 태도를 싹 바꾸니까 석호가 처음에는 엄청 당황하더래. 물론 처음 얼마 동안은 석호가 동생의 반응을 이끌어 내려고 더 큰 말썽을 부리고 애들을 더 심하게 괴롭혀서 힘들기도 했대. 하지만 서서히 변화를 보이더니 지금은 친구들하고도 잘 지낸대. 다행이지? 감정 조절이 많이 힘든 경우에는 전문가의 도움이 필요하기도 한데 석호는 혼자서도 잘해 냈으니까.

용진 그런 얄팍한 수에 넘어가다니 멍청한 놈이네요.

박쌤 그럴까? 네 생각에는 멍청해 보일지 몰라도 석호는 예전보다 지금이 훨씬 더 행복할걸? 빵 다 먹었니? 그럼 이제 가.

용진 상담 안 해요?

박쌤 상담 필요 없다면서?

용진 그렇다고 진짜 안 해요?

박쌤 왜, 뭐 얘기하고 싶은 거라도 있니?

용진 없어요.

박쌤 그럼 가. 나중에 얘기하고 싶은 거 생기면 언제든지 오고.

아들러의 용기 콕콕!

우리가 겪는 대부분의 문제는 다른 사람과 함께 살아가는 과정에서 생겨. 정확하게는 인간관계에서 오는 문제들이지. 하지만 누구도 혼자 살아갈 수는 없어. 그렇다면 사람들과의 관계를 어떻게 맺는가 하는 것보다 중요한 게 어디 있겠어? 그런데 그 방법을 제대로 익히지 못하는 사람들도 있거든. 긍정적인 방법으로는 사람들의 관심을 얻지 못하는 거야. 그러면 반대로 부정적인 방법을 택하게 되는 거지. 아무도 관심을 가져 주지 않는 것보다는 혼이 나고 욕을 먹더라도 누군가가 나를 봐 주는 게 더 좋은 거야. 하지만 이런 방법으로 얻은 관심은 긍정적인 관계로 이어지기가 쉽지 않아. 만약 지금 잘못된 방법으로 사람들의 관심을 얻고 있지는 않니? 제대로 된 인간관계를 맺고 싶다면 올바르게 관계 맺는 방법부터 배워야 해.

나도 우등생이 되어서 칭찬받고 싶어요

박쌤 용진이네? 어쩐 일이니?

용진 얘기하고 싶은 거 생기면 언제든지 오라면서요.

박쌤 그랬지. 무슨 얘기가 하고 싶은데? 아, 빵부터 먹을래?

용진 빵 됐고요, 공부 잘하는 요령 같은 것 좀 가르쳐 주세요. 선생님 공부 잘하셨을 거 아니에요.

박쌤 공부? 공부는 갑자기 왜? 뭐 하고 싶은 일이라도 생겼어?

용진 저도 공부 잘해서 반장처럼 칭찬 좀 받아보려고요.

박쌤 칭찬?

용진 네, 칭찬이요, 칭찬. 저 요즘 말썽 안 부리고 얌전히 지내려고 진짜 노력 중이거든요? 그런데 반장이 자율 학습 시간에 교실 분위기가 조금만 흐트러진다 싶으면 무조건 저부터 걸고넘어지는 거예요, 저는 아무 짓도 안 했는데! 제가 하도 어이가 없어서 좀 따졌더니 이놈이 그걸로 또 보란 듯이 칠판에 제 이름을 적는 거예요. 그날 벌로 화장실 청소하면서 짜증 나 죽을 뻔했다고요.

박쌤 저런.

용진 그런 일이 한두 번이 아니에요. 참다못해서 반장 행동이 불공평하다고 선생님한테 항의했더니 뭐라고 하는지 아세요? 그럼 반장이 거짓말했겠느냐는 거예요. 그건 제가 거짓말을 한다는 뜻이잖아요! 선생님 없을 때는 반장이 선생님 대신이니 반장 말 잘 들으라나요? 내 참 어이가 없어서……. 반장은 그 뒤로 자기가 진짜 선생님이나 된 듯이 의기양양하게 군다고요. 이게 다 제가 공부를 못해서 그런 것 같아서 분하고 억울해요. 그래서 저도 공부 좀 해 보려고요. 그까짓 거 저도 마음먹고 하면 할 수 있다고요!

박쌤 공부를 하겠다는 건 좋은데, 그 동기가 칭찬을 받고 싶어서라니 그건 좀 아닌 것 같아.

용진 왜요? 칭찬받으면 좋은 거 아니에요?

박쌤 아들러 심리학에서는 상과 벌을 수단으로 삼는 교육의 성과에 대해서 의문을 품고 있단다. 적절한 일을 하면 칭찬을 하고, 부적절한 일에 벌을 준다고 치자. 이건 아이들이 칭찬받으려고 어떤 행동을 하거나, 혹은 벌을 받지 않으려고 어떤 행동을 하지 않게 된다는 뜻이잖아.

용진 아 뭘 또 그렇게까지 복잡하게 생각해요? 그런데 그거 좀 그렇기는 하네요. 그럼 칭찬해 줄 사람이 옆에 없을 때는 어떡해요?

박쌤 그러니까 말이야. 만약 어떤 아이가 교실 유리창에 지저분하게 낙서가 돼 있는 걸 보고 냉큼 지웠어. 그랬더니 선생님께서 잘했다고 막 칭찬을 해 주시는 거야. 그런데 만약 다음번에 또다시 창문에 낙서가 돼 있는 걸 봤는데 그때 주변에 선생님이 안 계셔. 자신의 행동을 봐 줄 사람이 아무도 없는 거야. 그럼 그 아이한테 그 일을 할 의욕이 안 생기거나 덜 생길 수도 있지 않을까?

용진 그럼 뭐 어쩌라는 거예요? 칭찬받지 말라고요?

박쌤 판단의 기준을 타인의 칭찬이나 벌이 아니라 자기 자신으로 삼으라는 말이지. 자신이 판단하기에 해야 할 일이면 하고, 해서는 안 될 일이면 하지 말아야 한다는 거야. 공부도 그래. 누군가를 이기기 위한 수단이 아니라, 누군가에게 칭찬받기 위한 목적이 아니라, 네 스스로 네가 하고 싶은 일을 하기 위해 공부가 필요하다고 느껴야 제대로 할 수 있을 거라고 봐. 용진이 앞으로 하고 싶은 일이 있니? 뭘 하고 싶은지, 그것을 하기 위해서 무슨 공부를 어떻게 하는 게 좋을지 먼저 생각해 봐. 목표를 확실하게 정하는 거, 그게 바로 성적을 올리는 요령이거든.

용진 반장 녀석 때문에 하도 약이 올라서 그런 생각은 안 해 봤는데…….

박쌤 그런데 용진아, 반장이나 선생님의 그런 반응이 정말 부당하다고만 생각하니? 네가 거기에 영향을 주지는 않았을까?

용진 뭐……. 얼마 전까지 제가 좀 막 나가기는 했죠. 지금도 여전히 그럴 거라고 생각하나 봐요.

박쌤 안타깝게도 그런 면이 없지 않아 있는 것 같네. 주변에서 바뀐 너를 곧바로 알아봐 주고 보는 눈이 달라진다면 좋겠지만 그런 변화는 그렇게 빠르게 일어나지 않아. 어떤 친구들은 평생 너를 말썽쟁이로만 기억할지도 몰라. 하지만 그게 뭐? 그건 그 사람의 사정이지.

용진 그러니까 선생님 말씀은 딴사람 신경 쓰지 말고 너나 잘해라,

뭐 그런 뜻이에요?

박쌤 네가 바꿀 수 있는 건 너뿐이라는 거야. 어차피 네 인생의 의미를 남이 만들어 주는 것도 아니잖아. 다른 사람이 나를 어떻게 대하느냐, 그런 건 그 사람들의 문제야. 그런 거 신경 쓰지 말고 너는 그냥 네가 할 일만 하면 돼. 그런 걸 아들러 심리학에서는 '과제 분리'라고 하지.

용진 과제 분리라고요? 흠, 그거 좀 마음에 드는 말이네요.

박쌤 그리고 아까 용진이가 진짜 중요한 말을 했어. 그까짓 거 마음먹고 하면 할 수 있다면서? 와, 그거 대단한 거야. 내 인생의 문제는 내가 스스로 해결할 수 있다, 이거잖아. 그런 믿음 아무나 갖는 거 아니거든. 그것만 있으면 돼. 그렇게 스스로를 믿고 하고 싶은 일을 하는 거지. 그보다 더 행복한 인생이 어디 있겠어?

용진 와, 제가 그렇게 멋진 놈이었어요?

박쌤 몰랐니? 난 지난번부터 좀 느꼈는데.

아들러의 용기 콕콕!

교실은 청소년들에게 가장 중요한 공간이라고 할 수 있지. 교실에서 배우는 건 교과목뿐만이 아니니까. 다양한 인간관계와 사회적 경험을 얻게 되는 곳이니까. 이런 교실 안에서 수직적인 관계가 맺어진다는 것은 참 안타까운 일이야. 누구나 수평적인 관계에서 공정한 인격적 대우를 받는 것이 바람직하지만 교실 안에서는 손쉬운 통제의 방법으로 칭찬과 처벌이 자주 행해지는 게 현실이지.

하지만 우리가 평생 교실에서 사는 건 아니잖아? 그리고 어떤 경험을 했든, 그 경험이 자신의 남은 인생을 결정하는 건 아니야. 같은 교실에서 함께 지냈던 친구들이 모두 똑같은 인생을 살겠어? 중요한 건 지금, 여기서 내가 하는 선택이 내일의 결과로 이어진다는 사실이야. 항상 그 사실을 명심하고 모든 선택에 신중을 기했으면 좋겠어.

할머니도 여자면서 도대체 왜 그러시는 걸까요?

박쌤 혜주는 집안 분위기 때문에 마음고생이 심하다면서?

혜주 우리 집 진짜 이상해요. 지금 때가 어느 땐데, 아들이라는 이유로 오빠를 왕 대접해요. 그게 다 툭하면 장손 타령하는 할머니 때문이에요.

박쌤 할머니와 같이 사니?

혜주 네. 몇 년 전에 할아버지 돌아가시고 나서 우리 집으로 오셨어요.

박쌤 할머니가 오빠를 편애하시는 것 같아?

혜주 네, 심해요. 말끝마다 장손이 잘 돼야 집안이 편하다느니, 딸자식은 결국 남의 식구 될 팔자니 공들여 봐야 헛일이라느니 하면서 얼마나 티 나게 차별을 하는지 몰라요!

박쌤 그때 부모님은 뭐라고 하셔?

혜주 아빠는 그나마 저 챙겨 주려고 해요. 엄마는…… 할머니처럼 직접적으로 말은 안 하지만 저를 대하는 거 보면 할머니랑 다를 바가 없어요. 식탁에 맛있는 반찬이 있으면 오빠 밥그릇에 먼저 올려요. 오빠에겐 집안일 전혀 안 시키고요. 저에게는 설거지해라, 빨래해라, 온갖 일을 다 시켜요. 제일 약 오르는 게 뭔지 아세요? 오빠가 그걸 당연하게 생각한다는 거예요!

박쌤 음, 혜주가 많이 속상했겠구나.

혜주 남자라는 거 하나 빼면 뭐 하나 잘난 것도 없으면서! 오빠는 공부도 저보다 못하거든요? 그런데도 엄마는 오빠 공부하느라 힘들다고 홍삼 챙겨 먹여요. 저는 홍삼 잘못 먹으면 살찐다고 먹지 말래요. 오빠는 남자니까 좀 쪄도 되고, 저는 여자니까 살찌면 안 된다니! 그게 무슨 말이에요! 뭐만 하면 오빠는 남자라서, 너는 여자라서……. 아, 진짜 억울할 때가 한두 번이 아니라니까요!

박쌤 정말? 아직도 남자, 여자를 따지는 집이 있다니 선생님도 놀라운걸?

혜주 제 말이요! 친구들도 우리 집에 안 오려고 해요. 조금만 큰 소리로 웃어도 할머니가 계집애들이 모여서 큰 소리 낸다고 막 화내요. 오빠 친구들 오면 우리 장손 친구들 왔냐고 냉장고 다 털어서 먹을 거 다 내주고 그러시면서요.

박쌤 아이고, 너무하셨다. 혜주의 서럽고 서운한 마음 이해가 가. 엄마랑 할머니가 변했으면 좋겠니?

혜주 당연하죠! 아니 엄마랑 할머니는 본인들도 여자면서 왜 그렇게 여자를 무시하는 건지 모르겠어요. 뭐 옛날에는 그랬다 쳐요. 그런데 지금은 옛날이 아니잖아요! 제 친구들 중에 저처럼 집에서 딸이라고 무시당하고 사는 애는 정말 아무도 없어요. 왜 나만 억울하게 차별 대우를 받아야 하죠? 몇 번이나 할머니께 이 억울한 마음을 표현해 봤는데요. 소용없어요. 할머니는 절대 안 변할 것 같아요.

박쌤 할머니와 엄마가 혜주를 오빠하고 똑같이 대해 줬으면 좋겠어?

혜주 네! 그럼요!

박쌤 그러면 뭐가 좋은데?

혜주 당연히 좋죠! 집에서 제대로 된 대접을 받으면 억울하지 않을 거 아녜요. 존재감도 더 높아지고. 당당하게! 가족답게! 그렇지 않을까요?

박쌤 나는 그게 당연하면 안 된다고 생각하는데.

혜주 아니, 왜요?

박쌤 그건 혜주라는 사람이 다른 사람들의 평가나 시선에 따라 달라진다는 뜻이니까.

혜주 뭔가 막 헷갈려요. 그럼 선생님 말씀은 할머니나 엄마가 잘못이 없다는 뜻이에요?

박쌤 아니 그렇지는 않아. 두 분의 생각과 행동은 나도 참 안타까워. 하지만 우리가 타인을 바꾸는 건 힘들어. 사실 거의 불가능에 가깝다고 생각해. 변화시킬 수 있는 건 타인이 아니라 나 자신이지.

혜주 할머니나 엄마가 변해야 하는 게 아니라 제가 바뀌어야 한다고요? 말도 안 돼요! 제가 뭘 잘못했는데요? 여자로 태어난 게 죄예요?

박쌤 아니, 그런 뜻이 아니야. 세상 그 누구도 모두에게 사랑받을 수는 없는 거 아니겠니? 혜주가 계속 엄마나 할머니한테 내가 아들이 아니라서 부족한 게 뭐냐, 따지고 들고 인정받으려고 하면 얼마나 힘들겠어. 그분들은 쉽게 변하지 않으실 텐데. 그냥 놔 버려.

혜주 놔 버리라고요…….

박쌤 우리는 행복하기 위해 사는 거지 누군가의 인정을 받거나 내 존재를 증명하려고 사는 게 아니지 않니? 혜주는 엄마나 할머니의 인정을 받기 위해 사는 거야?

혜주 아니요, 그건 아니죠. 하지만…….

박쌤 꼭 할머니나 엄마가 아니더라도 살다 보면 온갖 다양한 이유로 나를 미워하거나 싫어하는 사람들을 만날 수도 있어. 아니, 꼭 만나게 돼 있어. 그럴 때마다 상처를 받고 그 사람들에게 인정받기 위해 애를 쓰며 살 거야?

혜주 하지만 엄마하고 할머니는 가족이잖아요. 싫어도 평생을 봐야 하는 가족요. 가족을 어떻게 남과 비교해요?

박쌤 그러니까 더 냉정해질 필요가 있다고 봐. 남은 안 보면 그만인데 가족하고는 그럴 수 없으니까. 그럴수록 더 자기 자신한테 집중하고 스스로를 변화시켜야 해. 내가 나 아닌 다른 사람들을 변화시키는 건 어렵지만, 변화된 나를 보고 그 사람들이 스스로 변하게 만들 수는 있지 않을까?

혜주 제가 변하면 엄마하고 할머니도 변할 거라고요? 어떻게요?

박쌤 음……. 얼마 전에 나에게 상담을 받은 혜주 또래의 다른 여학생 얘기를 좀 해 볼까? 그 친구 아버지도 혜주 할머니 못지않게 가부장적이래. 그 친구 오빠는 공부를 싫어했는데, 그 친구가 자꾸 더 공부하고 싶어 하니까 아주 대놓고 못마땅해하셨다는 거야. 계집애가 공부해서 어디에 써먹는다고 자꾸 돈을 들이냐고 역정을 내시더래.

혜주 우와, 진짜요? 너무했다!

박쌤 그래도 그 친구는 자신의 미래를 생각해서 더 열심히 공부했대. 결국 고1 때 전교 1등을 했더니 그 친구 아버지가 어떻게 변했는 줄 알아?

혜주 어떻게요?

박쌤 지금은 은근히 사람들한테 우리 딸이 전교 1등을 했다고 자랑하신대. 물론 여자가 남자보다 못하다는 근본적인 생각은 달라지지 않으셨지만 그래도 딸이 자랑스러웠던 거지.

혜주 제가 뭔가 잘하고, 잘되면 우리 할머니랑 엄마도 변할까요?

박쌤 그럴 수도 있고, 아닐 수도 있어. 사실 그 친구도 의사가 되고 싶어서 공부를 열심히 하는 거라고 아버지에게 얘기한 적이 있는데, 그때 아버지가 아무 말도 안 하더래. 격려나 응원을 할 법도 한데 무뚝뚝하게 넘겨 버리시더래. 사람들에게 은근히 딸 자랑을 하긴 했지만, 그건 아주 작은 변화일 뿐이고 앞으로 그 친구 아버지가 얼마만큼 어떻게 변할지는 아무도 몰라. 혜주 할머니랑 엄마도 마찬가지야. 그렇더라도 그분들의 반응에 연연해 할 필요 없어. 그분들도 여자지만 대대로 가족의 전통을 이어야 본인들의 책임을 다한다는 가치관을 답습한 세대잖아. 그러니 아들을 귀하게 여길 수밖에. 그런 가치관이나 집안 분위기에 영향 받지 말고, 혜주는 자신만의 인생을 살았으면 좋겠어.

혜주 와, 솔직히 여기 와서 이런 얘기를 들을 거라고는 생각 못 했거든요. 그런데 뭔가 문제를 보는 눈이 달라진 기분? 할머니랑 엄마는 나와 다른 인생이다? 한 집에서 생활하는 가족을 그렇게 생각하려니 머릿속이 복잡하고 마음도 좀 쓸쓸해지긴 하네요. 하지만 어쩌면 그 편이 억울한 제 마음을 조금은 달래 줄 수도 있을 것 같아요. 선생님, 저 집에 가서 생각 좀 해 보고 나중에 다시 와도 될까요?

박쌤 그럼, 언제든지 환영이지.

아들러의 용기 콕콕!

아들러 심리학에서는 성으로 여자와 남자를 구분하지 않고 모두 한 인간으로 봐. 이 세상에 하나뿐인 모든 인간에게 독특하고 개성 있는 자신만의 인생을 창조하라고 권하지. 아들러는 실생활에서도 남녀 '공평'을 실천했어. 아들러는 부인이 러시아인이었는데, 항상 수평적인 관계를 유지하려고 노력했고 인격적으로도 배우자를 매우 존중했지. 반면에 우리나라를 비롯한 몇몇 동양 문화권에서는 유교의 영향을 받아 남아선호 사상의 잔재가 뿌리 깊게 남아 있어. 대를 잇고 조상을 모시는 역할을 남자만 할 수 있다는 가치관 때문이야. 시대가 많이 바뀌었다지만, 아직도 할머니 세대는 그 남아선호 사상을 쉽게 버리지 못하실 거야. 아들을 낳아 대를 이어야 했고 그 역할을 못하면 죄책감으로 평생을 살아갔던 시절의 여성, 그 당사자니까. 이렇게 불공평한 대우를 받고, 여자로 태어나고 싶어서 태어난 것도 아닌데 내 모습 그대로를 인정받지 못하셨으니 얼마나 억울했겠어. 그러면서도 그 문화에 길들여져서 당신도 똑같이 여성을 차별하는 사람이 되어 버린 거야. 안타깝지.

지금 여자애라고 차별을 받고 있다면, 모두에게 인정과 사랑을 받으려고 노력하느라 마음고생하지 말고 나만의 삶을 살아가. 나를 힘들고 고통스럽게 하는 상황과 환경을 극복하는 거야. 그런 상황과 환경아랑곳하지 말고 내 삶을 설계하고 꿋꿋이 가고자 하는 방향으로 걸어가 봐. 그러다 보면 여성이 아닌 한 인간으로 단단하게 우뚝 솟은 나를 자랑스럽게 여기는 날이 반드시 올 거야.

03

새우잠을 자도 고래 꿈을 꿀래요

진로는 부모님 뜻을 따르는 게 제일 안전하지 않을까요?

윤아 선생님, 전 아무래도 결정 장애가 있는 것 같아요. 혼자서는 도저히 결정을 못 하겠거든요. 그래서 결정해야 하는 일이 있으면 대개 다른 사람 의견을 따르거나 엄마 아빠가 시키는 대로 하는 편이에요. 그런데 보통은 부모님 두 분의 의견이 같아서 별문제가 없었는데 이번에는 문제가 생겼어요. 제가 곧 진로를 정해야 하는데, 엄마는 나중에 취업을 생각하면 아무래도 이과를 가야 한다 그러고 아빠는 제가 문과 쪽에 더 잘 맞는다며 문과로 가야 한다는 거예요.

박쌤 윤아 생각은 어떤데?

윤아 사촌 오빠 언니들 취업 때문에 고생하는 거 보면 엄마 말이 맞다 싶기도 한데, 제가 수학 성적이 자꾸 떨어지고 있거든요. 이과는 수학이 중요하잖아요. 국어나 영어 같은 과목 성적이 더 좋은 편이니까 문과를 갈까 싶기도 하고……. 그냥 부모님이 의논을 해서 결정을 내려 주시면 좋겠는데 두 분 의견이 계속 충돌을 하니까 어떻게 해야 할지 모르겠어요.

박쌤 그럼 윤아는 부모님 두 분이 어느 쪽으로 가는 게 좋겠다, 그러면 무조건 그쪽으로 갈 거야? 왜?

윤아 왜라뇨? 부모님 말씀은 따라야 하는 게 맞잖아요.

박쌤 학교는 윤아가 다니는 거잖아. 나중에 취업을 해도 윤아가 하는 거고. 그런데 왜 윤아 생각이 아니라 부모님 생각을 따르려고 하는 건데? 본인 생각이 제일 중요한 거 아니야?

윤아 그렇지만 저는 아직 어리고, 부모님이 저보다 아는 것도 더 많잖아요. 그러니까 부모님 말씀을 듣는 게 맞지 않아요? 제가 마음대로 선택했다가 잘못되면 어떡해요.

박쌤 그래서 여태 부모님 말씀 들어서 잘못된 건 하나도 없었어? 시키는 대로 한 일이 모두 마음에 들었어?

윤아 그런 건 아니에요. 가끔 시키는 대로 했는데 엄마 말처럼 안 될 때도 있었죠.

박쌤 그럴 때 윤아는 기분이 어땠는데?

윤아 당연히 속상했죠. 그래서 엄마한테 신경질도 좀 부렸고요.

박쌤 엄마가 잘못한 거지 윤아가 잘못한 게 아니니까? 와, 윤아 좀 비겁한데? 결국 어떤 선택이나 결정이 잘못됐을 때 그 책임을 지기 싫어서 다른 사람한테 미룬 거잖아.

윤아 어……, 그렇게 말씀하시니까 뭔가 좀 찔리기는 하네요. 하지만 실수하는 게 싫거나 실패하는 게 두려운 건 당연한 거 아니에요? 그런 건 안 할수록 좋은 거잖아요.

박쌤 그래, 맞아. 실패를 하고 좋아할 사람은 없겠지. 그런데 윤아야, 넘어지지 않고 걸음마 배우는 아기 봤니? 실수도 해 보고 실패도 해 보고 그러면서 배우는 거지.

윤아 어른이 되면 그때부터는 제가 알아서 할 수 있지 않을까요? 그때까지 그냥 안전하게 제일 나은 결정을 내릴 것 같은 사람의 의견을 따르는 것도 괜찮지 않나요?

박쌤 윤아는 언제부터 어른이라고 생각해? 스무 살? 그때가 되면 갑자기 스스로 자기 일을 잘 결정할 수 있을까?

윤아 안 될까요?

박쌤 넘어지는 게 무서워서 내내 기어 다니기만 했던 아이가 덩치 커졌다고 갑자기 벌떡 일어나 걸을 수 있을까?

윤아 그러니까 선생님 말씀은 실수나 실패도 연습이 필요하다는 말씀이에요?

박쌤 비슷해. 자기 일을 스스로 선택하고 그 결정에 책임을 지는 훈련을 계속해야 한다는 뜻이야. 그 과정에서 실수나 실패가 있을 수도 있지만 그걸 이겨 내야 다음에 더 나은 결정을 할 수 있는 경험이 쌓이는 거니까. 그리고 제일 중요한 건 윤아를 제일 잘 아는 사람은 윤아 자신이라는 거야. 엄마가 생각하는 윤아의 미래, 아빠가 생각하는 윤아의 적성, 그런 거 말고 윤아 스스로 생각해 봐. 나는 지금 뭘 제일 하고 싶은지 말이야.

윤아 사실 그걸 잘 모르겠어요. 앞으로 제가 무엇을 하고 싶은 건지…….

박쌤 윤아야, 혹시 좋아하는 연예인 있니?

윤아 네! 있어요! 저 뉴이스트 JR 광팬이에요! 종현 오빠 완전 좋아해요! 아, JR이 종현 오빠에요. 본명이 김종현이거든요. 강릉에

제 외할머니 사시는데요, 종현 오빠 고향도 강릉이래요! 종현 오빠는 혈액형도 저랑 같은 O형이고요…….

박쌤 아유, 알았어. 내버려 두면 밤을 새겠구나. 그런데 좋아하는 연예인에 대해서는 그렇게 잘 알면서 자기 자신에 대해서는 앞으로 뭘 하고 싶은지도 모르고 있다니, 스스로에게 좀 미안하다는 생각이 들지 않아?

윤아 어, 그게 또 그렇게 되나요?

박쌤 사람이 행복해지려면 뭐가 제일 우선이 되어야 하는지 아니?

윤아 뭔데요?

박쌤 자기 자신을 좋아하는 거야. 좋아하는 사람에 대해서는 뭐든지 알고 싶지? 자기 자신에 대해 잘 알게 되면 내가 무엇을 하고 싶은지, 나를 위해 어떤 결정을 내리는 게 좋을지에 대한 판단도 서게 될 거야. 우선은 그게 먼저인 것 같아.

윤아 그런 다음에 자신의 일은 스스로 결정을 내려라, 이런 말씀을 하고 싶으신 거죠?

박쌤 그랬으면 좋겠다는 거지. 사람은 원래 자기 스스로 목표를 정했을 때 그것을 이루고자 하는 의지가 가장 강한 법이거든. 실패했을 때 그에 대한 책임도 져 보고, 왜 실패했을까 반성도 해 보고, 그걸 바탕으로 다음에는 더 나은 결정을 하고, 그렇게 한 사람의 성숙한 인격이 완성되어 가는 거야. 실패나 실수를 너무 겁내지 마. 그런 경험이 너를 더 나은 사람이 되게 하는 밑거름이니까.

윤아 하아……. 갑자기 생각이 많아지네요. 지금 이과냐 문과냐가 문제가 아니라 뭔가 근본적으로 저에 대해서 다시 생각해 봐야 할 것 같아요.

박쌤 그래, 나도 권장하는 바야.

아들러의 용기 콕콕!

우리는 살면서 수없이 많은 인생의 과제를 만나. 때로는 어렵고 힘들기도 하겠지. 그때마다 내가 직면한 나의 문제를 가장 깊이 고민하고 심사숙고해 줄 사람이 누굴까? 바로 나 자신이야. 누구도 나만큼 내 문제를 잘 알 수 없고, 신중하게 고민해 줄 수도 없어. 그런데 그게 힘들다고 자신이 해야 할 결정을 계속 다른 사람에게 미루면 어떻게 될까? 그건 독립된 인격으로서의 권리와 자격을 포기한다는 뜻과 같아. 아무도 나를 자립한 한 인간으로 보아 주지 않는다는 뜻이지. 그런 예를 단적으로 보여 주는 예가 '마마보이' 같은 말 아니겠어?

스스로 의사 결정을 하라는 것은 뭐든 자기 마음대로 하라는 말이 아니야. 자기 자신과 주변 환경 등을 고려해 자신이 책임질 수 있는 최선의 선택을 하라는 뜻이지. 물론 그런 자립심이 하루아침에 길러지는 건 아니야. 어제까지 기어 다니던 아기가 오늘 갑자기 벌떡 일어설 수 없잖아. 작은 일부터 하나씩 하나씩 스스로 결정을 내리고 그 결과를 경험하는 과정이 필요해. 그렇게 습관을 들이는 거지. 할 수 있어, 해 봐. 그냥 내 일은 내가 결정하고 책임진다, 끝! 간단하잖아?

건담 덕후인 게 장점이라고요?

희준 선생님, 제가 제일 듣기 싫은 말이 뭔지 아세요? "건담이 밥 먹여 주냐"는 소리에요.

박쌤 건담? 그 조립해서 만드는 로봇 말하는 거지? 건담을 많이 좋아하는 모양이구나.

희준 네. 저는 조립만 하는 게 아니라 조립한 후에 도색까지 직접 하거든요. 제 도색 솜씨는 제가 활동하는 건담 카페에서도 유명해요. 어른들도 저한테 도색 부탁하고 그래요.

박쌤 와, 그냥 좋아하는 게 아니라 전문가 수준인 모양이네?

희준 저 작년에는 콘테스트에서 중고등부 최우수상 받았어요. 성인부 작품들보다 훨씬 낫다는 말도 많이 들었고요.

박쌤 대단하네. 정말 재능이 있나 보다. 그런데 주위에서는 희준이의 재능을 높이 사 주지 않나 보구나.

희준 부모님이 이제 건담을 어린애들이나 가지고 노는 로봇 장난감 취급을 하지는 않으시거든요. 그건 고마운데 지금은 취미보다는 공부에 집중해야 한라고 건담을 못 만지게 하세요. 그래서 요즘 너무 우울해요.

박쌤 건담이 그렇게 좋니?

희준 저는 그냥 건담 생각만 해도 행복해요. 건담을 조립하거나 도색할 때는 밤을 새도 하나도 힘든 줄 모르겠고요, 제 방에 있는 건담들을 보고 있으면 진짜 입이 찢어지게 흐뭇하고 그렇단 말이에요. 사실 요즘도 엄마 아빠 몰래 건담을 조립하고 있거든요. 그런데 그럴 때마다 들킬까 봐 조마조마하고, 죄책감도 들고……. 엄마는 만날 건담 만들 때 반의 반 만큼이라도 공부에 집중 좀 해 보라고 한숨을 쉬는데 그때마다 저도 답답해 죽겠어요. 그러고 싶지만 저도 안 되는 걸 어떡해요.

박쌤 성적이 안 나와서 스트레스 받니?

희준 당연하죠. 이대로는 서울에 있는 4년제 대학 못 갈 것 같아요.

박쌤 서울에 있는 4년제 대학교에 가고 싶니? 왜?

희준 나중에 취업이나 이런 거 생각하면 당연히 그 정도는 가야 하는 거 아니에요?

박쌤 이렇게 한번 생각해 볼까? 지금 희준이네 학교에서 희준이보다 공부를 잘하는 학생이 몇 명이나 될까?

희준 음, 일단 세 자릿수라는 것만 말씀드릴게요.

박쌤 그럼 희준이네 학교에서 희준이보다 건담을 잘 조립하고 도색할 수 있는 사람은?

희준 그런 애는 없어요! 장담할 수 있어요!

박쌤 그럼 건담을 다루는 희준이의 솜씨는 희준이만의 엄청난 강점인거네. 그런데 왜 그 강점을 발전시킬 생각보다 잘 못하는 공부에 더 신경을 쓰는 걸까? 남들도 다 대학 가니까 나도 대학 가기 위해서 공부해야지 하는 생각보다 내가 더 잘하는 장점을 살릴 수 있는 방법을 고민하는 게 더 바람직하지 않을까? 예를 들면 건담은 도색도 중요하다고 했지? 그럼 도색을 더 잘할 수 있도록 미대 진학을 생각해 보거나 할 수 있잖아. 남들 따라 하기보다 내가 하고 싶은 것을 더 잘하기 위해서 준비하는 게 훨씬 즐겁지 않겠어?

희준 건담 관련된 직업을 구할 수 있을까요?

박쌤 그건 알 수 없지. 그런데 우리는 모두 행복하게 사는 게 목표잖아? 희준이는 지금 건담을 만질 때 제일 행복하다니까 계속 행복할 수 있는 방법을 찾아보자는 거지. 미래라는 게 뭐야, 주어진 하루, 하루를 충실하게 살다 보면 결국 도달하게 되는 게 미래잖아. 그래서 아들러는 춤추듯이 살라는 말을 했어.

희준 춤추듯이요?

박쌤 그래, 춤추듯이 매 순간 집중하면서 즐겁게 살다 보면 어느 순간 우리가 뜻하지 않은 곳에 가 있을 수도 있지 않겠니? 혹시 김소희 셰프라는 이름을 들어봤어? 오스트리아에서 큰 성공을 거둔 훌륭한 셰프인데, 재밌는 건 그분이 애초에 오스트리아에 가게 된 계기는 요리가 아니라 패션을 공부하기 위해서였다는 거야. 배우 소지섭은 아니? 떡 벌어진 어깨와 탄탄한 몸이 훌륭하지? 그 배우가 원래는 수영 선수 출신이거든. 또 누가 있을까? 아, 내가 옛날에 참 좋아했던 이소은이라는 가수가 있는데, 지금은 국제 변호사가 돼서 활약하고 있더라? 사람 일은 참 어떻게 될지 모르는 거야. 재밌지 않니?

희준 그러니까 제가 지금 건담을 좋아해도 나중에는 다른 일을 하게 될 지도 모른다는 말씀이세요?

박쌤 그럴지도 모르고, 아닐지도 모르지. 앞일을 누가 알겠니? 누군가는 어릴 때부터 한결같은 꿈을 꾸기도 하고, 누군가는 꿈이 수시로 바뀌기도 하지. 원래 꿈과 정반대되는 일을 하는 사람도 있고, 원래 하려던 일과 관련된 다른 일을 하기도 하고. 중요한 건 무엇을 하든 우리는 결국 행복해지고 싶어 한다는 거야. 그러기 위해서는 잘 못하는 것보다는 잘하는 것에 집중을 하는 게 더 나아. 누구한테나 자신만의 강점이 있거든? 하지만 모두가 그걸 발견하는 건 아니야. 그런데 희준이는 이미 그걸 찾아냈잖아. 그럼 그걸 활용하지 않을 이유가 없지 않니? 원래 단점보다는 장점에 집중하는 게 효율도 더 높아.

희준 와, 그렇게 말씀해 주시니까 뭔가 의욕이 생기는 것 같아요. 일단 공부 목표부터 다시 생각해 봐야겠어요. 제 특기를 잘 살릴 수 있는 대학이나 학과도 좀 구체적으로 찾아보고 거기에 맞춰서 공부하면 지금보다 훨씬 집중도 잘 될 것 같아요.

박쌤 그럼, 당연하지. 막연히 남들 다 하니까 나도 해야지, 할 때하고는 마음가짐부터가 달라질걸? 원래 사람이 그래, 자기 스스로 목표를 세우고 그걸 향해 노력할 때 집중력도 높아지고 하고자 하는 의욕도 남달라지는 법이거든.

아들러의 용기 콕콕!

우리는 모두 타인과 차별화되는 고유하고 독특한 강점들이 있어. 그 강점들이 자신의 진로와 방향을 같이 할 때, 우리는 더욱 강한 동기부여를 받고 더 깊게 몰입할 수 있지. 그런데 우리는 흔히 자신이 가진 강점에 집중하기보다 자신이 가진 약점을 감추려고 하거나 개선하려고 하는 데에 더 많은 노력을 쏟곤 해. 하지만 내 단점은 아무리 노력해도 남의 장점만큼 좋아질 수가 없어. 차라리 자신이 가진 장점에 집중하는 게 훨씬 현명한 방법이지.

세계적인 축구 선수 리오넬 메시를 알아? 메시가 만약 축구선수로서는 불리한 편인 자신의 키에 좌절하고 포기했다면 지금처럼 슈퍼스타가 될 수 없었을 거야. 하지만 메시는 자신의 단점에 좌절하는 대신 정교한 드리블과 정확한 슈팅 감각 같은 자신의 장점을 다듬어 최고의 축구 선수로 우뚝 섰지. 우리도 할 수 있어. 자, 그러니까 지금부터 자신이 가진 강점에 집중! 아, 먼저 내가 가진 강점이 무엇인지부터 찾아야겠다, 그렇지?

무조건 공무원이 최고라고요?
내 꿈은 따로 있는데……

희영 도저히 엄마하고 생각 차이를 좁힐 수가 없어요. 엄마는 무조건 공무원이 최고라고, 공무원 되기 유리한 학과로 진학해야 한다고 고집하시거든요.

박쌤 그런데 희영는 공무원이 되는 게 싫고?

희영 저는 오래전부터 동화 작가를 꿈꾸고 있다는 걸 엄마도 잘 알아요. 예전에는 엄마도 제 꿈을 응원했었고요.

박쌤 그런데 엄마 생각이 왜 그렇게 바뀌셨을까?

희영 작년에 아빠가 명예퇴직을 하셨어요. 다시 다른 곳에 취업을 하려고 많이 애쓰시는데 쉽지 않으신가 봐요. 그래서 지금 엄마가 일하시거든요. 계속 집에만 계시다가 갑자기 돈을 벌어야 하니까 많이 힘드시겠죠. 그러더니 언젠가부터 공무원 소리를 입에 달고 사시는 거예요. 명예퇴직 같은 거 걱정할 필요 없는 공무원이 최고라고요.

박쌤 엄마가 고생이 많으시겠구나.

희영 네, 저도 엄마 고생하는 거 알아요. 그래서 빨리 커서 집안에 도움이 되고 싶은 마음도 굴뚝같아요. 하지만 그렇다고 적성에도 맞지 않는 공무원이 되고 싶지는 않다고요. 저는 매일 똑같은 일을 반복하는 안정적인 직업보다 고생이 되더라도 창의성을 펼칠 수 있는 일을 하고 싶거든요. 그래서 문예창작을 전공하고 싶어요. 원하는 공부를 하고 대신 아르바이트 해서 생활비를 보태겠다고 하는데 엄마가 들은 척도 안 해요. 글 쓰는 직업 고달프다고, 글 써서 제대로 돈 버는 사람 대한민국에 몇이나 있냐고, 대학 가서 돈은 돈대로 쓰고 나중에 사람 구실도 제대로 못할 바에는 차라리 대학 가지 말고 고등학교 졸업하고 바로 공무원 시험이나 준비하래요.

박쌤 희영이는 꿈이 확고하구나. 그런데 엄마는 딸이 꿈보다는 안정적인 생활을 선택하기를 원하시는 거고.

희영 엄마 입장도 이해가 안 되는 건 아니에요. 엄마하고 저하고 언성 높아질 때마다 아무 말도 못하고 눈치만 보는 아빠도 안쓰럽고요. 저는 이런 상황 자체를 견디기가 너무 힘들어요. 결국 엄마를 도저히 설득할 수 없다면 제가 꿈을 포기해야 하는 걸까요?

박쌤 쉬운 문제는 아니구나. 이럴 때 가장 중요한 건 현실을 직시하는 거라고 봐. 현실을 있는 그대로 보고, 그 현실 위에서 지금 당장 할 수 있는 일부터 차근차근 해 나가는 거지. 우선 엄마가 공무원을 고집하시는 이유부터 다시 생각해 보자. 그건 결국 나중에 희영이가 엄마나 아빠처럼 고생을 하지 않았으면 좋겠다는 뜻 아닐까? 그러니까 엄마가 정말로 원하는 건 딸이 공무원이 되는 게 아니라 행복해지는 거잖아.

희영 그런데 정작 엄마가 그 행복해지는 길을 막고 계시죠, 지금. 엄마가 생각하는 행복의 기준은 경제적인 안정이고 제가 생각하는 행복의 기준은 제가 하고 싶은 일을 하면서 사는 건데 그 얘기를 하면 엄마는 계속 네가 아직 어려서 뭘 모른다, 살아 봐라 사람이 꿈만 먹고 살아지나, 그런 소리만 계속해요.

박쌤 엄마는 실제 그런 경험을 하고 계시잖아. 엄마라고 처음부터 엄마였겠니? 엄마도 꿈이 있는 소녀 시절이 있었을 건데, 지금은 가치관이 변해서 경제적인 안정이 최고라고 생각하시게 되었잖아. 희영이도 그럴 거라고 생각하시는 거겠지.

희영 하지만 전 엄마가 아니에요.

박쌤 그래, 맞아. 그게 바로 중요한 거야. 희영이는 희영이만의 꿈과 목표가 있지. 그런데 그걸 모두가 이해하고 응원해 주길 바라는 건 무리야. 엄마한테 내 꿈은 이렇다 설명을 하고, 그걸 이루기 위해서 어떤 노력을 할 거고, 어떤 계획이 서 있다 얘기하면서 충분히 설득을 했는데도 엄마가 반대를 하신다면 그건 받아들여야지. 엄마 뜻대로 하라는 얘기가 아니라 엄마가 반대한다는 걸 인정하라는 뜻이야.

희영 그럼 계속 엄마랑 이런 상태로 지내라고요?

박쌤 당장 엄마랑 잘 지내고 싶니? 그러면 엄마 뜻에 너를 맞추면 되지. 하지만 그렇게 해서 네 꿈을 포기하게 된다면 나중에 결국 엄마를 원망하게 되지 않을까? 지금은 엄마의 응원을 받지 못하는 게 힘들겠지. 집안 형편이 어려우니 경제적인 지원도 풍족하지 못할 수 있어. 하지만 네가 정말 꿈을 이루고자 한다면 그 모든 것들을 스스로 이겨 내야 해.

희영 ……그런데 그렇게까지 해서 제 꿈을 좇았는데 결국 동화 작가가 되지 못하면요? 사실은 그게 제일 두려워요.

박쌤 희영아, 인생은 목표를 딱 정해 놓고 그곳을 향해서 앞만 보고 달려가는 경주가 아니라 어디든 발길 닿는 대로 갈 수 있는 여행 같은 거야. 길을 가다가 예쁜 꽃이 피어 있으면 멈춰 서서 향기를 맡을 수도 있고, 다른 길이 가 보고 싶으면 목적지를 변경할 수도 있어. 그렇게 순간, 순간, 있는 그 자리에서 최선을 다하며 즐겁게 살다 보면 마지막 순간 어디엔가 서 있겠지. 그곳이 어디가 될지 어떻게 알아? 동화 작가가 되고 싶어서 열심히 노력했어. 그런데 그러다 보니 잡지사 기자가 되어 있을 수도 있고, 어린이 용품을 만드는 회사에서 일하는 회사원이 되어 있을 수도 있고. 또는 그렇게 되기 싫었던 공무원이 되어서 해 보니 '적성에 참 잘 맞는다'는 걸 깨달을 수도 있지.

희영 발길 닿는 대로……. 여행처럼……. 꿈같은 얘기네요.

박쌤 누구나 그렇게 살 수 있어. 자신의 선택과 결정에 책임만 질 수 있다면 안 될 게 뭐가 있겠어?

희영 전 정말 동화 작가가 되고 싶거든요. 무한한 상상력의 세계를 펼쳐 보여 주는 작가. 아이들이 그 세계에서 마음껏 뛰어놀게 하고 싶어요. 아, 저는 정말 아무리 생각해도 제 꿈을 포기할 수가 없을 것 같아요. 마음 아프지만 잠시 동안은 엄마의 미움을 받아야겠어요. 하지만 언젠가 엄마도 제 마음을 이해해 주시겠죠?

박쌤 그럼, 당연하지. 엄마는 희영이를 사랑하시니까.

아들러의 용기 콕콕!

부모는 자식에게 거는 기대가 크지. 그래서 때로는 자신이 원하는 방향으로 자식을 이끌기 위해 많은 노력을 기울이기도 해. 대개는 그 과정에서 부모와 자식 사이에 잦은 충돌이 생겨. 왜냐하면 아이들은 부모의 기대를 채우기 위해 존재하는 것이 아니니까. 부모가 이끄는 방향에서 벗어나 자기만의 길을 가고 싶다면 그런 충돌에서 오는 불편함도 받아들일 줄 알아야 해. 그렇지 않다면 '평생 말 잘 듣는 착한 아이'로 남아 자신의 의지 대신 부모의 의지로 살게 될 테니까. 부모가 자신의 생각대로 자식을 이끌고 싶어 하는 건 아이의 선택과 결정이 미숙하다고 생각하거나 못 미덥기 때문이야. 그 생각이 틀렸다는 걸 증명하지 못한다면 다음번 부모 자식 간에 의견 충돌이 생겼을 때는 틀림없이 이런 말을 듣게 될 거야.

"그것 봐라, 내가 뭐라고 했니? 그러니까 부모 말을 들었어야지!"

그런 말을 듣기 싫고, 네 꿈을 지키고 싶다면 어떻게 해야 할까? 네 선택과 결정에 책임을 지고 꿈을 위해 어떤 환경도 이겨 내는 의지를 보여 줘.

성적보다 적성에 맞는 일을 찾을래요

휘영 선생님, 안녕하셨어요?

박쌤 이게 누구야, 휘영이잖아? 이게 얼마만이니? 그동안 잘 지냈어?

휘영 저야 뭐 늘 잘 지내죠, 헤헤. 저 곧 대학교 기숙사 들어가거든요. 좀 멀리 있는 곳이라서 이제 자주 못 놀러 올 것 같아 인사드리러 왔어요.

박쌤 우리 휘영이가 벌써 대학생이 되는구나. 그래, 무슨 학과로 갔니? 전에 파일럿 되는 게 꿈이라고 했던 것 같은데, 그쪽으로 갔어?

휘영 저도 그러고 싶었는데 성적이 영 안 따라 주더라고요. 그래서 엄청 고민 많이 했어요. 원하는 전공은 포기하고 그냥 성적에 맞춰서 조금이라도 더 상위권 대학에 갈까도 생각했거든요? 그런데 아무리 생각해도 비행기에 대한 꿈을 포기할 수 없는 거예요. 그래서 뭐 다른 길이 없나 찾아보니까 '항공 엔지니어'라는 직업이 딱 있더라고요. 이거다 싶었죠. 그래서 집에서 좀 멀더라도 관련 학과가 있는 지방 대학으로 가기로 했어요.

박쌤 항공 엔지니어? 와, 그것도 멋진데? 그 큰 비행기를 점검하고 고치는 일이잖아?

휘영 헤헤, 맞아요. 직접 하늘을 날 수는 없지만 제가 손본 비행기가 하늘을 나는 모습을 보는 것만 해도 엄청 뿌듯할 것 같아요.

박쌤 이야, 휘영이는 여전히 낙관적이구나. 나는 그래서 휘영이가 참 좋더라.

휘영 히히, 안 그래도 낙천적이라는 소리 되게 많이 들어요. 애들이 그게 제 매력이래요.

박쌤 아니, 낙천적인 게 아니라 낙관적이라고. 아들러 심리학에서 말하는 낙관적이라는 말과 낙천적이라는 말은 차이가 크단다. 그리고 낙천적이라는 말을 좋게 평가하지 않아.

휘영 왜요? 낙천적인 건 좋은 거 아니에요?

박쌤 낙천주의자들은 무슨 일이 일어나도 항상 괜찮아, 잘될 거야, 어떻게든 되겠지, 그런 식으로 생각하지. 긍정적인 생각은 좋아. 하지만 그런 생각만으로는 아무것도 바뀌지 않잖아.

휘영 그럼 낙관주의자들은 뭐가 다른데요?

박쌤 현실을 똑바로 보지. 현실을 객관적으로 살피고 최선을 다하는 사람들을 낙관주의자라고 하는 거야. 일단 지금 여기서 할 수 있는 일을 하자! 이런 태도?

휘영 아하, 그럼 저는 낙관주의자가 맞네요. 애들한테도 똑바로 알려 줘야겠어요. 그런데 저도 이런 결정이 쉽지는 않았어요. 그래도 역시 대학은 이름이 잘 알려진 서울권으로 가야 하지 않겠냐고 말하는 사람들도 많았거든요. 그런데 저는 아무리 생각해도 제가 흥미 없는 전공을 선택하고 싶지가 않더라고요.

박쌤 이야, 휘영이는 알면 알수록 멋지단 말이야? 선택 기준이 명확해서 좋네. 나라도 그런 선택을 했을 것 같아. 입시를 앞둔 학생들은 보통 입시 그 자체가 너무 큰 스트레스이기 때문에 어떻게든 대학부터 들어가고 보자라는 생각을 하기 쉬워. 하지만 우리 인생이 대학에 들어갔다고 끝나는 게 아니잖아? 어떤 의미에서는 그때부터가 진정한 인생의 시작이지. 그런데 그런 곳에서 흥미도 없고 적성에도 안 맞는 것들을 공부해야 한다면 얼마나 괴롭겠어? 사실은 그래서 대학에 잘 적응하지 못하고 전공을 바꾸거나 심지어 휴학을 하는 대학생들도 적지 않거든.

휘영 그래서 저도 제가 잘 결정했다고 생각하거든요? 그런데요, 선생님. 솔직히 저 지금 마음이 좀 그래요. 막상 낯선 곳에 혼자 가서 생활해야 한다고 생각하니까 걱정도 되고, 친구들하고도 멀리 떨어지게 되는 것도 그렇고…….

박쌤 그래? 전에 엄마하고 싸웠을 때는 대학교 가자마자 바로 독립할 거라고 그랬던 것 같은데?

휘영 아, 맞다. 왜 그걸 잊고 있었지? 아싸, 독립! 아싸, 자유! 친구 녀석들이야 가끔 집에 올라왔을 때 보면 되죠, 뭐! 헤헤!

박쌤 뭐? 아이고, 그래. 너답다.

아들러의 용기 콕콕!

청소년기는 자신의 미래를 위한 진지한 고민과 탐색이 이루어지는 시기지. 어떤 미래를 준비하고 어떤 방향으로 나아갈 것인가를 고려할 때 중요하게 작용하는 게 개인의 흥미와 적성이야. 요즘 사람들이 '개취' 즉 개인의 취향이라는 말이나 "취향입니다, 존중해 주시죠"와 같은 말을 많이 쓰지? 누가 뭐래도 난 이게 좋아, 라는 말을 당당하게 하잖아. 바로 그거야. 사람들은 누구나 자기가 좋아하고 잘하는 일을 할 때 만족감이 높거든. 그러자면 먼저 자신이 무엇에 흥미를 느끼는지, 무엇이 적성에 맞는지부터 잘 파악해야겠지? 물론 스스로가 자기 자신을 깊이 있게 들여다보고 자신을 파악하는 일이 제일 중요하겠지만 자신의 성격을 고려한 진로 선호도를 측정해 볼 수 있는 검사 도구들을 이용해서 객관적인 정보를 얻어 보는 방법도 있어. '한국고용정보원' 홈페이지(www.keis.or.kr)에 가면 관련 도움을 받을 수 있으니까 참고해.

막상 진로를 '봉사' 쪽으로 정하려니 망설여져요

박쌤 우진이는 봉사 활동을 열심히 다닌다면서? 여기저기에서 칭찬이 자자하던데? 봉사 활동은 어떻게 시작하게 된 거야?

우진 이모가 몸이 불편한 어린이들을 돕는 봉사 활동을 자주 다니시거든요. 저한테도 좋은 경험이 될 거라고 언제 한번 같이 가자고 하시더라고요. 처음에는 힘들 것 같기도 하고, 제가 가서 도움이 되기는커녕 민폐나 끼치는 거 아닐까 싶어서 좀 망설였거든요. 그러다 우연히 한번 이모랑 같이 가게 됐는데, 다녀오니까 마음이 정말 좋은 거예요. 뭔가 보람차기도 하고, 뿌듯하기도 하고…….

박쌤 그랬구나. 힘들지는 않았어?

우진 물론 몸은 많이 힘들었죠. 좀 서먹서먹하기도 했고요. 처음에는 애들이 하는 말을 잘 못 알아듣겠더라고요. 그래서 그냥 대충 응, 응, 하면서 웃어 줬는데 애들이 너무 좋아하면서 같이 웃으니까 와, 기분이 진짜…….

박쌤 기분이 어땠는데?

우진 처음으로 와, 내가 참 쓸모 있는 사람이구나 그런 생각이 들었어요. 사실 그동안은 제가 딱히 공부를 잘하는 것도 아니고, 친구들한테 인기가 있는 것도 아니고, 진짜 존재감이 없어서 자존감이 되게 낮았거든요. 그런데 제 도움이 필요한 친구들을 만나니까 그 친구들이 아니라 오히려 제가 막 더 힘이 나는 거예요.

박쌤 정말 중요한 경험을 했구나. 그게 바로 '공헌감'이라는 거란다. 내가 누군가에게 도움이 되고 기쁨이 된다는 걸 느끼는 거지. 그래서 아들러는 행복의 조건 중에 하나로 '타자 공헌'을 들었어. 내가 다른 사람들에게 도움이 되는 것 같고, 함께 살아가는 이 공동체에 꼭 필요한 사람 같고, 그런 생각이 들어야 사람은 비로소 행복해진다는 거지.

우진 와, 그거 진짜 맞는 말 같아요. 우리 엄마 아빠도 제가 봉사를 다니면서 많이 변했다고 하시더라고요. 성격이 눈에 띄게 밝아지고 태도도 긍정적으로 바뀌었대요. 제가 느끼기에도 그래요. 뭔가 자존감이 이만큼 높아진 기분이랄까? 아무튼 되게 좋아요.

박쌤 그런데 뭐가 고민이니?

우진 그게요……. 아무래도 제가 이쪽이 적성에 맞는 것 같아서 진로를 아예 장애인 복지 관련 쪽으로 선택할까 생각해 봤거든요?

박쌤 그런데?

우진 사실 이모가 장애인 복지 관련 일을 하시거든요. 틈틈이 심리 상담이나 심리 치료 관련 공부도 하고요. 진짜 열심히 사세요. 그런데 막상 저도 봉사가 아니라 직업으로 그런 일들을 할 수 있을까 생각하고 이모나 이모 주변분들 일하시는 걸 보니까 생각보다 월급도 적고, 일도 고되고 그렇더라고요. 아무래도 가끔 가서 봉사로 하는 것과 직업으로 하는 일은 다를 수밖에 없잖아요.

박쌤 그거야 당연하지.

우진 그래서 고민이에요. 지금까지 제가 이렇게 진지하게 진로를 생각해 본 것도 처음이고, 정말 하고 싶은 일이 생긴 것도 처음인데, 확신이 안 서니까요. 봉사하는 삶을 살고 싶다고 생각하면서 돈 문제 때문에 고민하다니, 저 너무 속물적인가요?

박쌤 아니야, 절대 그렇지 않아. 경제적 안정은 사람이 살아가는 데 아주 중요한 문제잖아. 그런 문제 앞에서 신중해지는 건 당연하지. 누구도 봉사하는 보람으로 경제적 만족을 대신하라고 요구할 수는 없어. 그건 어디까지나 개인이 판단할 문제야.

우진 그래도 돈보다는 보람 아닐까요? 그러면 어느 정도 제 개인의 만족은 희생해야 하는 것 같기도 하고…….

박쌤 아들러는 자신의 인생을 타인을 위해 희생하는 것을 바람직하지 않다고 보았단다. 스스로 자신의 삶에 만족을 느끼지 못하면서 타인을 위해 공헌한다는 것은 순서가 틀린 것 같지 않니? 우리 속담에 '곳간에서 인심 난다'는 말이 있는 것처럼 자신이 먼저 행복해야 다른 사람들도 행복할 수 있도록 도울 수 있는 거 아닐까?

우진 듣고 보니 그게 맞는 말인 것 같기는 한데……. 그럼 저는 어떻게 해야 할까요?

박쌤 그건 우진이가 스스로 결정해야 할 문제지. 누구도 대신해 줄 수 없어. 세상에는 다양한 가치가 있잖아. 그중에 우진이에게는 어떤 가치가 가장 먼저인가를 잘 생각해 봐야 할 것 같아. 그리고 어떤 일이든 좋은 면만 있는 건 아니잖아. 무슨 일이든 제대로 해내기 위해서는 노력과 인내가 필요해. 취할 수 있는 것과 포기해야 할 부분을 명확하게 판단해야 할 때도 있지. 그게 마음대로 되지 않을 때 사람들은 용기가 꺾이는 거고.

우진 아, 쉽지 않네요.

박쌤 그럼, 쉬운 일은 아니지. 하지만 그렇다고 하고 싶은 일을 시작도 해 보지 못하는 것은 너무 안타깝지 않니? 우진이가 중요하다고 생각하는 가치들이 서로 조화를 이룰 수 있도록 다양한 방법을 생각해 봤으면 좋겠어. 그리고 진로라는 게 한 번 정했다고 평생 그 길로만 가야 하는 건 아니잖아? 그리고 좋아하는 일을 반드시 직업으로 삼으라는 법도 없고. 물론 좋아하는 일이 직업이 될 수 있다면 그건 최고의 행운이겠지. 하지만 좋아하는 일이 직업이 되면서 흥미를 잃고 스트레스를 받는 경우도 많거든.

우진 하긴, 그것도 그렇겠네요. 제가 요즘 너무 봉사 활동에 꽂혀 있다 보니 진로를 계속 그쪽으로만 생각했었는데, 다른 일을 하면서 지금처럼 자원봉사를 다닐 수도 있는 거잖아요. 하지만 틈틈이 여유를 내서 다니는 것보다 좀 더 본격적으로 일을 해 보고 싶기도 한데……. 앞으로 시간을 두고 좀 더 신중하게 생각해 봐야 할 것 같아요.

박쌤 그래, 그러는 게 좋을 것 같아. 그리고 가치관이라는 건 바뀔 수도 있는 거니까. 시간을 들여 신중하게 생각하다 보면 우진이가 더 소중하게 생각하는 게 무엇인지 좀 더 분명해질 수도 있지 않겠어?

아들러의 용기 콕콕!

사람들은 저마다 자신만의 가치관이 있지. 그리고 그 가치관은 우리가 내리는 모든 결정에 관여한단다. 우리가 의식을 하든 못하든 상관없이 말이지. 그런데 살다 보면 자신의 가치관에 반하는 일을 하게 되는 경우도 생길 수 있어. 경제적 이유 때문일 수도 있고, 다른 사람의 눈을 의식해서일 수도 있지. 만약 자신의 가치관에 맞지 않는 일을 한다거나, 더 하고 싶은 일을 제쳐 두고 딴 일을 하게 된다면 의욕이 생길까? 만족이나 보람을 느낄 수 있을까? 바꾸어 말하자면 우리는 자신의 가치관에 맞는 일을 할 때 가장 나다울 수 있고 만족과 보람을 느낄 수 있다는 뜻이야. 그러니 무슨 일을 하든 항상 자신이 가장 소중히 여기는 가치가 무엇인지를 생각해 보고 그에 맞는 일을 할 수 있기를 바라.

다들 저보고 교사가 될 거라는데 자꾸 겁이 나요

미연 선생님, 저는 어릴 때부터 쭉 선생님이 되는 게 꿈이었거든요? 지금도 그 꿈은 변함이 없어요. 다른 친구들은 동생들한테 뭐 가르쳐 주려고 하면 막 속이 터지고 그런다던데, 저는 안 그렇거든요. 제 동생이나 동생 친구들, 또 사촌 동생들도 제가 공부를 자주 봐 주는 편인데요, 모르는 걸 차근차근 가르쳐 주는 게 참 재밌어요. 애들이 가르쳐 주는 대로 잘 이해하고 고개 끄덕이고 그러면 뿌듯해요!

박쌤 누구를 가르친다는 게 인내심도 있어야 하고, 끈기도 있어야 하고, 말처럼 쉬운 일이 아닌데 아주 소질이 있는 모양이네. 미연이 나중에 진짜 좋은 선생님이 되겠다!

미연 그런데요, 요즘 들어 자꾸 자신이 없어져요. 제가 진짜 선생님이 될 수 있을까 싶고요, 된다고 해도 잘해 낼 자신이 없어요.

박쌤 아니 왜? 뭐가 걱정인데?

미연 선생님은 그냥 뭘 잘 가르치기만 한다고 해서 되는 게 아니잖아요. 요즘 제가 그런 걸 많이 느끼거든요. 예를 들어 지금 저희 담임 선생님만 해도 진짜 참을성이 많고 침착하시단 말이에요. 가끔은 보는 제가 다 열 받아서 욕을 하고 싶을 정도로 버릇없이 구는 애가 있는데, 걔가 아무리 함부로 굴어도 화를 안 내고 어떻게든 대화를 해 보려고 하세요. 그런 모습을 보면 우리 선생님이 진짜 존경스럽다가도 나는 도저히 저렇게는 못하겠다 싶은 거예요.

박쌤 담임 선생님이 좋은 분이시구나. 하지만 사람이 모두 같은 모습일 수는 없잖아. 미연이는 미연이의 개성대로 또 다른 모습의 좋은 선생님이 될 수도 있지 않을까?

미연 그게 제 노력만으로 되는 일일까요? 지금 저희 담임 선생님처럼 좋은 선생님 만나는 거 쉬운 일 아니거든요. 제가 여태까지 학교랑 학원에서 만난 선생님들 쭉 떠올려 보면요, 솔직히 저런 분은 선생님이 되면 안 되는 거였다는 생각이 드는 분도 적지 않았어요. 그럴 때마다 나는 나중에 저런 선생님은 절대 되지 말아야지 그랬단 말이에요.

박쌤 그래, 우리는 때때로 그렇게 타인의 부적절한 행동에서 교훈을 얻기도 하지.

미연 그런 선생님들한테 애들이 불만을 갖는 것은 저도 이해해요. 그런데 몇몇 애들은 터무니없는 트집을 잡아서 선생님들 흉을 보거나 비딱하게 굴거나 그런단 말이에요. 그런 애들 보고 있으면요, 선생님 되는 거 진짜 겁나요. 우리 할머니는 벌써부터 저를 볼 때마다 아이고 우리 최 선생, 막 이러시고 엄마 아빠도 제가 당연히 선생님이 될 걸로 믿고 계신데 이제 와서 선생님 되기 싫다고 말도 못하겠고…….

박쌤 미연아, 세상에 완벽한 사람이 있다고 생각하니?

미연 아니요.

박쌤 그런데 왜 미연이는 완벽한 사람이 되려고 하니?

미연 제가요?

박쌤 모든 학생에게 다 존경받고, 누구한테도 싫은 소리를 안 듣는 선생님이 실제로 세상에 있다고 생각해?

미연 …… 아니요.

박쌤 그런데 왜 미연이는 세상에 있지도 않은 그런 선생님이 되지 못하면 어쩌나 싶어서 미리 겁을 내는 걸까? 선생님이 아니라 다른 직업을 갖는다고 해도 주변 모든 사람들에게 좋은 소리만 듣고 살 수는 없어. 안 그러니? 아니 이건 어떤 직업을 선택하느냐의 문제가 아니야, 인간관계 그 자체의 문제지.

미연 인간관계의 문제라고요?

박쌤 우리 주변에 사람이 열 명쯤 있다고 생각해 보자. 그럼 그 안에는 뭘 해도 나를 싫어하는 사람이 한두 명은 꼭 끼어 있기 마련이야. 반대로 항상 나를 이해해 주고 나와 죽이 잘 맞는 사람도 한두 명은 꼭 있지. 나머지 사람들은 그때그때 다를 거고. 그런데 그 모든 사람들과 똑같이 좋은 관계를 맺으려고 노력할 필요가 있을까?

미연 나를 이해해 주는 사람들하고만 좋은 관계를 맺으면 된다는 거예요?

박쌤 노력해도 안 된다면 굳이 나를 좋아하지 않는 사람들에게 다가가기 위해 애쓰지 않아도 괜찮아. 나를 좋아하지 않는 사람들도 인정을 하고 사는 거지.

미연 하긴, 저도 우리 반에 그런 애들 있어요. 서로 본 척 만 척하고 지내는 애들이요. 처음에는 좀 신경이 쓰이기도 했는데 지금은 그냥 편해요. 그럼 제가 나중에 선생님이 됐을 때 저를 싫어하는 학생들이 있으면 신경 쓰지 말고 내버려 두면 된다는 말씀이세요?

박쌤 네가 선생님으로서 할 수 있는 최선을 다해 학생들을 이끄는 게 먼저지. 그건 너의 과제니까. 하지만 모든 학생들이 다 네 뜻대로 따라 주지 않는다고 해서 상처받을 필요는 없다는 얘기야. 너는 너의 최선을 다 하되, 너를 싫어하거나 따르지 않는 학생이 있을 수 있다는 걸 인정해야 한다는 뜻이야. 나도 그래. 우리 상담소에 찾아오는 아이들이 모두 내 말을 이해하고 수긍해 주는 줄 아니? 나도 여기서 날마다 전쟁이야. 그리고 만약 누군가에게 쓸데없는 트집으로 상처 주는 학생이 있다면 그건 '그 학생'의 문제이지 '모든 학생'들의 문제가 아니잖아. 그런 학생들은 네 말대로 '몇몇' 소수일 뿐이고. 그런 걱정 때문에 많은 아이들에게 좋은 선생님이 될 기회를 놓치면 되겠니?

미연 …… 선생님 말씀을 다 이해는 하겠어요. 하지만 그게 말처럼 그렇게 쉬울까요? 사람들은 원래 좋은 말보다 나쁜 말에 더 민감하잖아요. 저는 특히 더 그런 편이고요.

박쌤 그건 네가 노력해야지. 변하고 싶다면 스스로 노력을 해야 해. 가만히 앉아서 저는 원래 성격이 예민해서 좋은 말보다 나쁜 말이 더 마음에 남아요, 그러고 있으면 아무것도 안 변해. 너를 변화시킬 수 있는 사람은 너뿐이야. 그러니까 선택은 네가 하는 거지.

변할 건지, 그대로 있을 건지.

미연 정말 노력하면 바꿀 수 있을까요?

박쌤 장담은 아무도 못하지. 결과도 너밖에 몰라. 전적으로 너한테 달린 문제니까. 하지만 이거 하나는 확실하지. 변하려는 노력이 없으면 아무것도 변하지 않는다는 것. 그런데 미연아, 하나만 물어보자. 너 지금도 선생님이 되고 싶은 거 맞니?

미연 네? 네. 말씀드렸잖아요, 아주 어릴 때부터 꿈이 선생님이었다고요.

박쌤 꿈은 언제든 변할 수 있어. 사실은 지금 미연이의 꿈도 좀 변한 게 아닐까? 선생님이 되기 무서운 게 아니라 선생님이 되기 싫어서 뭔가 핑곗거리를 찾는 건 아니고?

미연 …… 잘 모르겠어요, 저도. 사실 이제는 워낙 주위에서도 다 제가 선생님이 될 거라고 생각하니까 저도 그냥 그걸 당연하게 생각하고 있었던 것 같기도 하고, 이제 와서 선생님이 꿈이 아니라고 하기도 뭔가 좀 민망한 것 같고…….

박쌤 미연아, 진로는 남들의 기대나 시선에 맞추어서 선택하는 게 아니잖아? 결국 다른 누구도 아닌 미연이 스스로가 가야 할 길이야. 그러니 미연이가 진짜 가고 싶은 길이 어떤 길인지, 그 길을 열심히 걸어갈 준비가 되었는지, 그 길 위에서 만나게 될 온갖 어려움을 잘 헤쳐 나갈 각오가 되어 있는지 깊이 생각해 보렴.

미연 네, 그래야 할 것 같아요. 사실 선생님이 이렇게 차분하게 해주시는 말씀을 듣고 있으니까 또 꼭 선생님이 돼야 겠다는 생각이 불끈 들기도 하는데요, 이번에는 진짜 신중하게 생각해서 갈 길을 정할래요.

아들러의 용기 콕콕!

아무도 흠잡을 수 없는 완벽한 상태를 목표로 설정해 놓고 거기에 도달하려 애쓰다 보면 누구라도 좌절할 수밖에 없어. 그건 애초에 불가능한 목표니까. 지나치게 엄격한 잣대를 스스로에게 들이대다 보면 그 자체가 벽이 되어 앞으로 가려는 우리의 걸음을 막는 역효과가 날 수도 있지. 넘어야 할 벽이 너무 높으면 시작하기도 전에 무력감과 좌절감에 쌓여 도전 의지가 꺾여 버릴 테니까. 더구나 나에게 엄격하면서 남한테 너그러울 수 있겠어? 다른 사람들한테도 똑같이 엄격한 기준을 요구하다 보면 주변 사람들까지 피곤하게 만들기 쉽지.

신이 아닌 이상 우리는 누구도 완벽할 수 없어. 그건 당연한 거야. 그러니까 자신의 부족한 부분을 솔직하게 인정하고 받아들여. 부족한 부분은 다른 사람들에게 도움을 구하거나 극복해 보려고 노력하고, 장점은 더 돋보일 수 있도록 집중하고, 그러면서 한 발 한 발 앞으로 내딛는 거지. 완벽한 척 남에게 흠을 내보이려 하지 않는 사람들보다 자신의 부족한 점을 솔직하게 드러내고 극복하려는 의지를 보이는 사람이 더 신뢰가 가지 않니?

적성이 뭔지, 나에게 맞는 일을 못 찾겠어요

은진 선생님, 저는 어릴 때부터 하고 싶은 게 엄청 많았거든요? 무언가에 한 번 꽂히거나 호기심이 생기면 꼭 해 봐야 직성이 풀리는 성격이에요. 그래서 이것저것 진짜 많이 해 봤어요. 피아노도 배우고, 미술 학원도 다니고, 어린이 과학 교실 같은 데도 여러 곳 다녔어요. 태권도랑 검도도 배워 봤고요, 현대 무용이랑 사물놀이도…….

박쌤 아이고, 많이도 했네. 안 힘들었니?

은진 제가 하고 싶어서 하니까 힘들지는 않았어요. 부모님이 어렸을 때 뭐든 하고 싶은 거 다 해 보라고, 그러다 보면 적성에 맞는 것을 찾을 거라고 그러셔서 진짜 해 보고 싶은 건 거의 다 해 본 것 같아요.

박쌤 그게 쉬운 일이 아니었을 텐데 부모님께 고마워해야겠네.

은진 그럼요. 당연히 엄청 감사하게 생각하고 있어요. 제가 돈도 많이 쓴 거 알아요. 솔직히 어떤 건 돈이 꽤 드는 편이어서 부모님이 좀 망설이시기도 했는데, 나중에 제가 커서 다 갚겠다고 큰소리 땅땅 치면서 조른 적도 있어요, 히히. 하지만 진짜 갚을 거예요!

박쌤 그래서…… 적성은 찾았니?

은진 하아……. 그게 문제에요, 그게. 주위 친구들을 봐도 저처럼 뭔가 많이 해 본 애는 없단 말이에요. 그런데 그렇게 여러 가지를 해 봐도 딱 이거다 싶은 게 없는 거예요. 어느 정도 하다 보면 흥미도 떨어지고, 흥미가 떨어지면 하기가 싫고, 그러면 또 다른 게 눈에 들어오고……. 제가 자꾸 이러니까 우리 할머니는 저보고 돈 잡아먹는 귀신이래요. 몇 달 하다 때려치울 거 뭐 하러 또 딴 걸 하냐고, 그냥 공부나 하라고 볼 때마다 그러시거든요. 제가 들어도 맞는 말이긴 해서 저도 속이 상해요. 그런데 저는 뭔가 꼭 제가 평생 할 수 있는 일을 찾고 싶거든요.

박쌤 평생을 걸 수 있는 일을 만난다는 건 쉽지 않은 일이지.

은진 제 친구 중에 희철이라는 애가 있는데요, 걔는 유치원 때부터 꿈이 가수였거든요. 걔네 엄마가 그렇게 말리는데도 초등학생 때부터 몰래 기획사에 오디션 보러 다니더니 작년에 어디 한 군데 붙어서 요즘 연습생 생활해요. 걔가 진짜 가수가 될지 안 될지는 모르겠지만 저는 걔가 그렇게 확실한 자기 길을 가는 게 엄청 부러운 거예요. 자기는 다 필요 없고 무조건 공무원 돼서 월급 제때 받으면서 일 끝나면 취미 생활 즐기면서 살 거라는 애도 있거든요? 요즘은 그런 애들 보면 막 마음이 초조해져요. 누가 나서서 네가 해야 할 일은 이거야, 하고 좀 알려 주기라도 했으면 좋겠어요.

박쌤 음……. 일찌감치 자기 길을 정한 친구들이 부러운 거구나. 그런데 벌써부터 그렇게 초조해하다니, 은진이가 너무 조바심 내는 거 아닐까? 원래 청소년 시기에는 '여긴 어디?' '나는 누구?' 이런 고민 막 해 가면서 혼란도 겪고 미래에 대한 꿈도 하루 열두 번씩 바뀌어 가면서 변덕이 죽 끓듯 하고, 그러는 거 아니야?

은진 그런 애들도 많지만, 안 그럴 수 있다면 안 그러는 게 낫지 않아요? 하루라도 빨리 진로를 딱 정해서 미리 뭐라도 해 놔야 유리한 거 아닐까요?

박쌤 은진아, 진로라는 게 한 번 정하면 딱 고정되는 것 같니? 어떤 조사를 보니까 요즘 직장인 10명 중 4명은 직장을 1년 이내에 그만둔다고 하더라. 여러 이유가 있겠지만 그중 높은 비중을 차지

하는 게 바로 '적성에 안 맞아서'야. 자기 적성을 찾는 게 그렇게 어려운 일이란다.

은진 와, 어른이 된다고 다 자기 적성을 잘 알고 있는 건 아니군요.

박쌤 이상과 현실이 다를 수도 있지. 나는 이런 게 적성에 맞다고 생각했는데 실제로 해 보니까 잘 안 맞더라, 이런 경우도 꽤 많을걸?

은진 그렇죠. 뭐든 막상 해 보기 전에는 모르거든요.

박쌤 그럼 그 직장을 그만둔 사람들은 어떻게 했을까?

은진 적성에 맞는 새 일을 찾으려고 노력하겠죠?

박쌤 그래, 당연히 그렇겠지? 한번 실패를 해 보았으니 그 실패를 거울삼아서 자기가 진짜 하고 싶은 일을 더 잘 알게 됐을 거고, 자신한테 더 맞는 일을 찾으려고 노력할 거야. 인생은 누구나 처음 걸어가 보는 낯선 길이잖아. 언제든 길을 잃고 헤맬 수 있지. 그래서 좀 돌아가게 될 수도 있지만 아무튼 목적지까지 무사히 가는 데는 지장 없잖아? 그러다 뜻밖의 지름길을 발견할 수도 있고, 머물고 싶은 또 다른 곳을 찾아낼 수도 있는 거지. 안 그래?

은진 맞아요.

박쌤 잘 알고 있으면서 은진이는 왜 벌써부터 초조한 걸까?

은진 앗, 그게 또 그렇게 되나요?

박쌤 하고 싶은 일이 무엇인지를 찾는 일은 분명 중요해. 하지만 우리 인생은 선착순으로 등수를 매기는 단거리 달리기가 아니야. 각자 자기에게 맞는 보폭과 속도와 방향으로 걸어가는 거야. 은진이는 아직 더 고민해도 돼. 더 여러 가지를 체험해 봐야지. 그러면서 계속 생각하는 거야. '나는 무엇을 할 때 제일 행복하지?' 이렇게.

은진 저는 뭔가 새로운 걸 할 때 제일 행복한데……. 찾아보면 여러 가지를 두루 체험할 수 있는 그런 일들도 많겠죠? 예를 들어 잡지사 기자라든가, 신제품을 테스트하는 블로거라든가……. 어, 맞네! 왜 그런 일들을 생각 못했지? 선생님, 저 그만 가 볼게요. 집에 가서 당장 찾아봐야 할 것들이 생긴 것 같아요. 오늘 말씀 진짜 감사합니다!

아들러의 용기 콕콕!

우리가 살고 있는 현대 사회를 정의하는 말은 수없이 많아. 그중 대표적인 게 '다양성의 시대'라는 말이지. 그야말로 모든 게 '다양'해졌잖아. 그건 우리가 선택할 수 있는 진로의 폭이 그만큼 넓어졌다는 뜻도 돼. 그래서 때로는 선택이 더 어렵기도 하지. 그중 하나를 골라 신중하게 파고들고 싶은 사람이 있는가 하면 여러 분야를 두루 체험해 보고 싶은 사람도 있을 거야. 사실 요즘은 여러 분야의 지식이나 기술들이 다양하게 합쳐져서 새로운 유행을 선도하는 게 일반화됐으니까 다양한 분야에 호기심을 느끼고 체험을 해 보고 싶은 욕구를 가진 사람들이 늘어나는 것도 자연스러운 현상 아니겠어? 단, 하고 싶다고 모든 걸 할 수는 없어. 우리는 몸이 하나이고, 우리가 쓸 수 있는 시간과 자원도 한정되어 있으니까. 이럴 때 쓰는 말이 바로 '선택과 집중'이지. 너무 많은 것에 무턱대고 시선을 돌리다 보면 어느 하나도 깊이 있게 제대로 얻지 못할 위험이 크다는 걸 잊지 마.

특성화? 인문계?
어디로 가야 할까요?

준영 짜증 나요! 엄마 아빠가 계속 특성화고등학교로 가래요. 거기 공부 못 하는 애들이 가는 데잖아요. 자존심 상한다고요.

박쌤 음, 일단 생각부터 좀 바로잡아야겠는데? 특성화고등학교는 학생들의 사회 진출을 돕는 게 목적인 학교고 인문계 고등학교는 학생들의 진학을 돕는 게 목적인 학교야. 그러니 어느 학교를 가든 그건 각자 자기 진로나 적성에 따른 선택인 거지 누가 공부를 더 못하고 잘하고의 문제는 아니라고 보는데? 그런데 자존심은 왜 상할까? 혹시 부모님이 준영이를 특성화고에 보내려는 이유가 성적 때문이라서?

준영 그렇죠, 뭐. 제 성적으로는 인문계에 가서 내신이 바닥일 게 빤하니까 그냥 특성화고등학교 쪽으로 가는 게 낫다는 거예요. 거기 다니면서 직업 교육 받으면 무슨 특별 전형인가 그런 걸로 대학 갈 수 있다나, 뭐 그렇대요.

박쌤 그럼 준영이한테는 특성화고가 진짜 공부를 못해서 가는 데가 맞는 거네. 그게 싫으면 지금부터라도 공부 더 열심히 해서 인문계로 가고 싶어? 아니면 따로 하고 싶은 게 있을까?

준영 잘 모르겠어요. 그냥 아무것도 하기 싫어요.

박쌤 자기 자신에 대해서 잘 모르겠다, 아무것도 하기 싫다……. 그건 스스로 자신의 주인이기를 포기했다는 소리 같은데? 그러면 그냥 부모님 말씀을 따라야 하는 게 맞지 않아?

준영 제가 제 주인이기를 포기했다고요? 제가 언제요? 전 그런 적 없는데요?

박쌤 누가 너한테 강아지를 한 마리 선물했다고 생각해 보자. 그런데 너는 그 강아지가 뭘 좋아하는지, 뭘 조심해야 하는지, 어떻게 훈련시켜야 하는지 아무 관심이 없어. 보다 못한 엄마 아빠가 대신 강아지 먹을 걸 챙겨 주고, 배변 훈련도 시켜 주고, 산책도 시켜 줘. 그럼 강아지는 누구를 주인이라고 생각하겠니?

준영 저는 강아지가 아니잖아요.

박쌤 그래, 아니지. 하지만 하물며 기르는 강아지에게 주인으로 인정받기 위해서도 그만큼 애정을 쏟고 관심을 가져야 하는 법인데, 너는 너 스스로를 그렇게 방치하면서 네가 네 주인이라고 말할 자격이 있을까?

준영 와, 하고 싶은 게 없다고 그런 소리까지 들어야 해요?

박쌤 자기 자신에게 그렇게 무책임하면서 그런 소리는 또 듣기 싫은가 보네?

준영 그럼 좋겠어요?

박쌤 하고 싶은 게 없다는 건 괜찮아. 그럴 수 있지. 아직 하고 싶은 걸 못 찾았을 수도 있으니까. 하지만 그걸 찾아보려는 노력조차 하지 않는다는 건 정말 무책임한 행동이라고 생각하지 않아?

준영 …… 그런 건, 어떻게 찾는 건데요?

박쌤 세상에는 절대로 행복해질 수 없는 사람이 있어. 그게 어떤 사람인지 아니?

준영 돈 없는 사람?

박쌤 아니, 있는 그대로의 나를 좋아하지 않는 사람. 준영이 누구 좋아해 본 적 있니? 연애해 봤어?

준영 당연히 해 봤죠. 제가 첫사랑을 초등학교 3학년 때 마스터한 몸이거든요?

박쌤 좋아하는 애한테는 어떻게 했니? 잘해 줬어?

준영 당연히 잘해 줬죠. 걔가 그때 포켓몬 한참 좋아해가지고 제가 용돈 모아서 망나뇽 인형도 사 주고 그랬어요.

박쌤 그것 봐. 그 사람을 좋아하니까 그 사람이 뭘 좋아하는지도 자연스럽게 알게 되잖아. 이제 너를 좀 좋아해 봐. 너 자신한테 관심도 좀 가지고.

준영 좋아할 만한 뭐가 있어야 저를 좋아하죠. 지금 보세요, 당장 인문계 갈 성적도 안 돼서 이 난리잖아요.

박쌤 준영이는 사람을 성적순으로 좋아하니? 기준이 참 특이하구나. 그럼 초3 때는 공부 잘했어? 그래서 네 첫사랑이 널 좋아했니?

준영 솔직히 겉으로 드러내 놓고 티는 안 내지만 다들 속으로는 그러는 거 아니에요? 어딜 가나 공부 잘하는 애들이 더 대접받는 건 사실이잖아요.

박쌤 그래, 맞아. 어떤 사람들은 성적, 돈, 외모 같은 몇몇 잣대로 다른 사람들을 평가하려고 들지. 그렇다고 일일이 거기에 맞춰서 살래? 살 수는 있고? 어쩌면 준영이는 아무리 노력해도 남들보다 월등히 공부를 잘할 수 없을지도 몰라. 그럼 다른 사람들 기준에 맞춰 자신을 글러 먹은 인생이라고 평가하고 포기해 버려야 할까? 왜? 나 같으면 차라리 다른 사람들의 기준을 버리겠어. 나는 남이 아니니까. 아무리 노력해도 나 아닌 다른 사람이 될 수 없으니까. 나한테 주어진 능력이 공부가 아니라면 그걸 솔직하게 인정하고 나한테 주어진 다른 능력을 찾을 거야. 뭐하러 남의 눈에 맞춰 공부 못하는 쭈글이로 살아? 세상에 공부 말고도 할 게 얼마나 많은데?

준영 쳇, 말이 쉽죠.

박쌤 요즘 TV에 멋진 셰프들 많이 나오더라. 넌 혹시 좋아하는 셰프 있니?

준영 김풍이요! 아, 김풍은 정식 셰프가 아닌가? 아무튼 전 김풍이 하는 거 보고 집에서 많이 따라 해요.

박쌤 김풍? 그래, 그 셰프도 재밌더라. 그런데 준영아, 김풍 씨가 공부 잘했는지 못 했는지 알고 있니?

준영 아니요?

박쌤 방송에서 그에게 학창 시절에 국영수 잘했는지 누가 물어보는 거 봤어?

준영 못 봤는데요.

박쌤 왜 안 물어볼까?

준영 에이, 셰프한테 그런 걸 왜 물어봐요? 국영수 잘하는 거랑 요리 잘하는 거랑 무슨 상관이라고요.

박쌤 맞아. 아무 상관없지. 자기가 좋아하고 잘하는 거 정말 잘하고 있는데, 누가 거기서 학교 성적을 물어보겠어. 그럼 네가 만약에 그런 근사한 셰프가 되고 싶다고 치자. 그럼 인문계 고등학교에 가서 공부를 하겠어, 아니면 조리학과가 있는 특성화고에 가서 요리 공부를 하겠어?

준영 당연히 특성화고에 가겠죠!

박쌤 그래, 맞아. 하고 싶은 걸 할 수 있는 곳에 가는 거야. 그럼 지금 네 고민은 네가 공부를 잘하느냐 못 하느냐의 문제가 아니지 않을까?

준영 그러네요. 제가 뭘 하고 싶은지가 없다는 게 문제네요. 후우……. 일단 공부 쪽은 솔직히 자신이 없는 게 확실하거든요. 저도 마음으로는 뭔가 교과서 들고 공부하는 것보다는 실제로 써먹을 수 있는 기술이나 능력 같은 걸 익히는 게 더 관심이 가기는 하는데요, 특성화고등학교 간다 그러면 다들 공부 못해서 거기 가는구나, 그렇게 생각할 거잖아요. 그게 싫어요.

박쌤 그건 네가 선택해야 해. 다른 사람 눈치를 살피며 거기에 맞춰서 살 건지, 아니면 다른 사람이 뭐라 하든 내가 하고 싶은 일을 하면서 살 건지.

준영 그게 말처럼 그렇게 쉬워요?

박쌤 어려울 건 또 뭐 있어? 중요한 건 네 인생이고, 너만 할 수 있는 선택이고, 어떤 선택이든 결국 책임은 네가 져야 한다는 사실이야.

준영 헐……. 엄청 무시무시하게 말씀하시네요. 그런데 생각해 보니까 특성화고 가는 것도 나쁘지 않을 것 같은 게요, 거기 가서 이것저것 배우다 보면 뭔가 저한테 맞는 일을 찾을 수도 있지 않을까요?

박쌤 충분히 그럴 수 있지. 의외로 본격적으로 공부를 해 봐야겠다, 이런 마음가짐이 들 수도 있고.

준영 아, 그냥 한마디로 남 눈치 안 보고 저 하고 싶은 대로 하고 살면 되는 거네요.

박쌤 뭐, 간단하게 말하면 그렇지. 하지만 잊으면 안 되는 게 있어. 남 눈치를 안 보고 자기 하고 싶은 일을 하되, 남에게 피해는 주지 말 것. 그리고 자기가 한 일에 대한 책임은 확실히 질 것.

준영 에이, 그건 기본이죠. 선생님 저를 너무 띄엄띄엄 보는 거 아니에요?

아들러의 용기 콕콕!

얼마 전 외국 청년들이 출연한 TV 프로그램에서 노르웨이 청년이 이런 정보를 들려줬어. 노르웨이에서는 대학에 잘 안 간대. 의사나 변호사 같은 전문직이 되고 싶거나 공부를 정말 좋아하는 사람들만 대학에 간다는 거야. 대학에서는 일반인들이 별로 알 필요가 없는 것들을 가르치니까 갈 필요를 못 느낀대. 아마 그 말에 동감하는 사람들 많았을 거야. 우리나라 젊은이들은 대개 대학 졸업하고 나서 직장에 들어가잖아? 그렇게 신입 사원이 되면 회사생활에서 필요한 예절이나 실무 등을 배워야 해. 이때 대학에서 배운 것들이 회사생활과 얼마나 큰 관련이 있을까? 관련이 썩 없다고 생각하는 젊은이들이 많아. 대학은 반드시 공부할 필요가 있는 사람들이 가는 곳이야. 자신이 하고 싶은 게 대학 공부가 아니라면, 꿈을 이룰 수 있는 다른 방향으로 시선을 돌리는 걸 추천해.

왕따 당했던 경험이 미래를 두렵게 해요

박쌤 은진이 중학생 때 힘든 일을 겪었다면서?

은진 그랬었죠. 그때 생각은 정말 하기 싫어요. 저 괴롭혔던 애들 얼굴 떠올리면 지금도 토할 것 같아요. 다행히 지금 학교로 전학 온 다음에 좋은 친구들을 만나서 그때 일 많이 극복했다고 생각했거든요. 그런데 아닌 것 같아요. 어쩌면 평생 그 기억에서 벗어나지 못할 수도 있겠다는 생각이 들어서 요즘 너무 우울해요.

박쌤 왜, 무슨 일이 있었니?

은진 이제 슬슬 애들하고 어느 대학 갈 거냐, 뭐 전공할 거냐, 그런 얘기하거든요. 애들은 다 자기 좋아하는 거 아니면 하고 싶은 거 얘기하는데, 저는 계속 뭘 해야 사람들하고 어울리지 않고 혼자 하는 일을 할 수 있을까 그 생각만 하게 되는 거예요. 아무래도 왕따를 당했던 기억 때문에 사람들과 어울리지 못하는 트라우마가 생긴 것 같아요. 저를 이렇게 만든 그 애들을 진짜 용서할 수가 없어요.

박쌤 트라우마라……. 은진이가 미래를 그리는데 과거의 경험이 자꾸 발목을 잡는다는 거구나. 정말 그렇게 생각하니?

은진 그럼 아니라고요? 제가 트라우마를 겪고 있다는 걸 변명이라고 생각하시는 거예요?

박쌤 아니, 은진이가 변명을 하고 있다고 생각하는 게 아니라 '트라우마'라는 것의 실체를 부정하는 거야. 아들러 심리학을 공부한 사람들은 다 그렇게 생각해.

은진 말도 안 돼. 트라우마는 분명히 있어요. 지금 제가 겪고 있다니까요?

박쌤 트라우마를 인정한다는 건 모든 결과에는 원인이 있다는 원인론적 생각이야. 즉, 지금 은진이가 낯선 사람들과 관계 맺기가 두려운 건 과거 왕따였던 경험 때문이라는 거지.

은진 그게 맞으니까요.

박쌤 그렇다면 비슷한 일을 겪은 사람들은 모두 비슷한 트라우마를 겪고 있어야 하는 거 아니겠어? 하지만 같은 경험을 공유한 사람들이라고 해서 모두 같은 모습으로 살아가는 건 아니잖아. 게다가 현재 일어나는 일의 원인이 과거에 있다고 규정해 버리면 미래는 모두 과거에 의해 결정되어 버리는 셈인데. 그건 내가 스스로 미래를 변화시킬 수가 없다는 뜻이 되는 거잖아.

은진 저는 잘 이해가 안 돼요. 그럼 지금 저는 도대체 왜 힘든 건데요?

박쌤 낯선 사람들과 관계 맺는 게 왜 두려운 거냐고? 그냥 그 자체가 싫기 때문이겠지. 낯선 사람들과 만나서 쉽게 어울리고 친해지는 게 어려운 거야. 그걸 그냥 나는 과거에 받은 상처 때문에 그게 무서워, 라고 규정해 버리는 거지. 그러면 사람들은 아, 그렇구나 하고 이해하겠지. 위로도 건넬 거고. 하지만 그게 다야. 현실에서 변하는 건 아무것도 없잖아. 계속 그렇게 과거의 상처 때문이라고 현재의 자신을 합리화시키면서 제자리에 머무르고 싶니?

은진 하지만…….

박쌤 어떤 경험도 그 자체로는 의미가 없어. 거기에 의미를 부여하는 건 현재의 자신이야. 내가 어떻게 생각하느냐에 따라 과거에 일어났던 일의 의미가 달라진다는 뜻이지. 그러니까 은진이가 그 일을 트라우마라고 기억하고 있는 건 본인이 그렇게 의미를 부여했기 때문이라는 거야.

은진 …… 그러니까 선생님 말씀은 제가 여러 사람들과 어울리는 것보다 혼자 있고 싶어 하는 게 과거의 트라우마 때문이 아니고 그냥 제가 그걸 더 좋아하기 때문이라고요? 그럼 제가 무뚝뚝하다, 붙임성이 없다, 너무 소극적이다, 사람들하고 어울리는 법 좀 배워라, 이런 말을 듣는 게 원래 제 성격이 그렇기 때문이라는 말씀이에요?

박쌤 사람 성격 다 제각각인데 모두가 그렇게 외향적일 수는 없지. 혼자 있는 시간을 즐기는 사람들도 얼마나 많은데. 괜찮아, 전혀 이상하지 않아. 그게 뭐 어때. 그럼 은진이가 고민하던 문제로 다시 돌아가 볼까? 사람들하고 어울리지 않고 혼자 할 수 있는 일을 찾고 싶다고? 그게 트라우마 때문이라는 생각을 버리고 나면 그냥 은진이가 하고 싶었던 일을 찾는 것일 뿐이잖아. 그럼 자괴감을 느낄 필요도 없지 않겠어? 당당하게 내가 원하는 일은 이런 일이야, 하면 되는 거지. 그냥 혼자 할 수 있는 일이기만 하면 돼?

은진 아니요, 꼭 그렇다기보다 저는 가능하면 다양한 일을 경험해 보고 싶거든요. 제가 좋아하는 여자 가수가 한 명 있는데요, 막 TV에 나오고 그런 유명한 사람은 아닌데 노래가 되게 좋아요. 그 가수는 노래도 하고, 틈틈이 여행 다니면서 책도 쓰고, 무슨 전시회 같은 것도 하고, 굉장히 다양한 일을 하면서 살더라고요. 정말 부러웠어요. 저도 그렇게 살고 싶어요.

박쌤 이야, 우리 은진이가 뭘 좀 아는데? 딱 21세기형 인재를 꿈꾸고 있잖니. 혹시 '프로틴 커리어(Protean career)'라는 말 들어 봤어?

은진 프로틴 커리어라고요? 아니요, 처음 들어요.

박쌤 그리스 신화에 나오는 바다의 신 프로테우스의 이름에서 따온 말이지. 프로테우스는 아주 뛰어난 예언 능력을 지녔대. 그래서 그의 예언을 듣고자 찾아오는 이들이 많았지. 그런데 프로테우스는 그 사람들이 너무 귀찮아서 사람들이 자신을 찾으면 여러 다른 모습으로 변신한 후 도망을 다녔다는 거야. 그래서 프로테우스는 변화무쌍함의 상징으로도 쓰여.

은진 우와. 그럼 프로틴 커리어라는 건 변화무쌍한 커리어라는 뜻이에요?

박쌤 환경 변화에 따라 자유자재로 변화가 가능하도록 다양한 능력을 갖춘 경력이라고 하는 게 맞겠지? 요즘은 '평생직장'이라는 개념이 거의 무너졌잖아? 그래서 요즘은 한곳에 계속 머무는 대신 다양한 직업 환경에 유연하게 대처할 수 있는 프로틴 커리어를 갖추고 직업에 변화를 주는 사람들이 늘고 있는 추세라고 해. 은진이가 좋아하는 가수도 그런 프로틴 커리어를 갖춘 사람이라고 할 수 있겠네.

은진 우와! 딱 제가 바라던 삶의 방식이네요.

박쌤 물론 한 가지 일만 하기도 벅찬 세상에 프로틴 커리어를 쌓는다는 건 보통 노력으로 되는 게 아니야. 과거의 트라우마 때문에 발목을 잡히고 있다는 생각에 사로잡혀 있는 상태로는 더욱 힘들겠지.

은진 과거와 미래, 둘 중 하나를 선택해야 한다면 당연히 미래죠. 하지만 솔직히 당장 그 괴로웠던 기억을 다 떨쳐 버리고 그냥 옛날에 그런 일도 있었지, 그렇게 생각하기는 쉽지 않을 것 같아요. 그래도 노력해 볼래요.

아들러의 용기 콕콕!

우리는 종종 '트라우마'라는 말 뒤에 숨곤 하지. 하지만 어떠한 경험도 그 자체로는 성공의 원인도, 실패의 원인도 아니야. 우리가 그 경험에 어떤 의미를 부여하느냐에 따라 그 사건이 가지는 성격도 달라지는 것뿐이지. 소극적인 성격 때문에 왕따를 당한 경험을 누군가는 트라우마로 정의하고 사람들과 관계 맺는 일을 두려워하게 된 핑계로 삼을 수도 있지만, 누군가는 그 경험을 바탕으로 학교 폭력을 예방하는 일에 앞장서게 될 수도 있잖아. 물론 그 과정이 쉽지는 않겠지. 어떤 변화든 노력 없이 일어나지는 않으니까. 이것만 명심해. 우리는 과거의 어떤 일에 영향을 받아 움직이는 수동적인 존재들이 되어서는 안 돼. 스스로 정한 목적을 향해 움직이는 능동적인 사람이 되어야 해. 그래야 우리의 미래에 희망이 있지 않겠어?

꿈은 무조건 커야 제맛이죠!

형준 선생님, 선생님! 이것 좀 보세요!

박쌤 어머, 형준아! 자전거 새로 샀니? 좋아 보이는데?

형준 이게 그냥 자전거가 아니거든요? 진짜 제대로 된 산악용 MTB라고요! 전문가용이에요, 전문가용!

박쌤 정말? 부모님께서 드디어 네 고집에 두 손 두 발 다 드신 모양이구나. 오랫동안 설득한 보람이 있네. 형준이 너 보면서 미래에 꼭 원하는 꿈을 이루며 살겠다고 현재의 시련을 견디고 이겨 내고 있구나, 싶어서 안쓰러웠는데……. 마치 웅크리고 모로 누워 자는 새우처럼.

형준 히히, 드디어 제 꿈을 인정하신 거죠. 아빠가 산에 허술한 자전거 끌고 가서 다치지 말고 안전하게 타라고 사 주셨어요. 우리 아빠 짱 멋져요!

박쌤 아이고, 신나서 자전거 자랑하러 왔구나? 그렇게 좋니?

형준 좋아요. 좋아 죽을 것 같아요! 이거 타고 나가면 당장 산악바이크 대회에서 우승도 할 수 있을 것 같은데 아직 제가 어려서 참가할 수 있는 대회가 많이 없는 게 너무 아쉬워요.

박쌤 아무래도 안전 문제가 있으니까. 까짓 거 열심히 연습해서 출전 자격 얻으면 바로 우승해 버려!

형준 당연하죠! 국내 대회는 몸 풀기고요, 압사 케이프 에픽(Absa Cape Epic)이라고 남아프리카 공화국에서 열리는 MTB 대회가 있거든요? 무려 7일 동안 비포장 길을 달려야 하는 극한의 코스인데, 거기 참가해서 우승하는 게 제 꿈이에요!

박쌤 7일? 우와, 정말 대단한 경기구나.

형준 아, 그런데 한 가지 문제가 있기는 해요. 거기는 2인 1조로 참가해야 하거든요. 동호회 활동 계속하면서 열심히 파트너를 구해 봐야겠어요.

박쌤 꼭 좋은 파트너 만나길 바랄게.

형준 제가 거기서 우승하면 인터뷰할 때 꼭 선생님 얘기도 할게요. 제 꿈을 응원해 주신 고마운 분이라고요.

박쌤 아이고, 벌써 우승 인터뷰까지 생각해 뒀어? 하여간 못 말리겠네. 그래, 이왕이면 꿈은 크게 가져야지. 멋지다, 최형준!

형준 히히, 이게 다 선생님 덕분이에요. 선생님 말씀 듣고 용기를 내지 못했으면 저는 지금도 주말에 직접 MTB를 타고 산을 누비는 대신 집에서 남들이 MTB 바이크 타는 모습을 동영상으로만 보고 있었을 거예요.

박쌤 나는 형준이가 스스로를 들여다보고 정말 자신이 원하는 게 뭔지 찾아낼 수 있도록 용기를 준 것뿐이야. 자기 꿈을 찾아낸 것도, 과감하게 그 꿈을 선택한 것도, 꿈을 이루기 위해 노력하고 있는 것도 너 자신이잖아. 형준이 볼 때마다 내가 얼마나 흐뭇한지 몰라. 정말 이 상담 센터를 운영하는 보람이 있다니까!

형준 꿈을 갖는다는 게 이렇게 소중한 건지 진짜 몰랐어요. 지금 당장 세계 대회에 나갈 수 있는 것도 아닌데, 선생님이랑 이렇게 그 대회 얘기를 하고, 거기에 타고 나갈 자전거를 인터넷으로 찾아보고, 그런 것만으로도 너무 행복해요.

박쌤 그래, 그렇게 꿈을 향해 한 발 한 발 내딛으면서 즐겁게 하루하루를 사는 거야. 그 즐거운 하루들이 모여서 언젠가 형준이의 미래가 될 테니까. 그런데 이 자전거 진짜 좋아 보인다. 한 번 타 봐도 되니?

형준 어허, 전문가용이라니까요 선생님. 보통 사람들이 평지에서 타기는 좀 힘들어요. 선생님은 그냥 일반인용 타세요.

박쌤 뭐? 어유, 치사해서 안 타!

형준 헤헷, 농담이에요, 농담. 타 보세요. 그런데 진짜 보통 자전거하고는 좀 많이 달라요. 그러니까 뭐가 다르냐 하면요…….

아들러의 용기 콕콕!

일본 사람들이 관상어로 주로 기르는 '코이'라는 물고기가 있어. 이 녀석을 작은 어항에서 키우면 10센티미터도 안 되는 아담한 크기로 자라지. 큰 수족관에서 키우면 20센티미터까지도 커. 그런데 강물에 풀어놓잖아? 그러면 1미터 정도는 너끈하게 자란다는 거야. 재밌는 녀석이지? 우리가 꾸는 꿈도 이 코이와 비슷해. 그러니까 작은 곳에 가둬 두지 말고 넓은 곳에서 크게 키워 봐. 혹시 알아? 우리가 강물에 풀어 키운 우리의 꿈이 커다란 고래가 되어 우리를 드넓은 바다로 데려다줄지.

꿈은 이루어지는 그 순간도 기쁘겠지만, 이루기 위해 노력해 가는 과정에서도 큰 즐거움을 줘. 우리가 꾸는 꿈은 우리의 오늘을 움직이는 동력이고, 오늘의 어려움을 이겨 내게 하는 희망이야. 그러니까 모두들 커다란 고래 꿈을 꿔. 파이팅!

찾아보기

모두에게 사랑받지 않아도 괜찮아

초판 1쇄 발행 2018년 3월 12일

지은이 박예진
그린이 낭소 이은혜
글꾸밈 배소미
펴낸곳 보랏빛소
펴낸이 김철원

책임편집 유지서
기획 · 편집 김이슬
마케팅 · 홍보 박소영
표지 · 본문디자인 씨오디

출판신고 2014년 11월 26일 제2014-000095호
주소 서울특별시 마포구 월드컵북로6길 60, 덕산빌딩 203호
대표전화 · 팩시밀리 070-8668-8802 (F)02-323-8803
이메일 boracow8800@gmail.com

* 책값은 뒤표지에 있습니다.
* 잘못된 책은 구입하신 서점에서 바꾸어 드립니다.